JN068845

昭和30年代～50年代の地方私鉄を歩く 第16巻

北陸の電車たち(2)

石川県の私鉄

北陸鉄道

(加南線・小松線・石川総線・金石線・浅野川線・能登線・金沢市内線)

尾小屋鉄道

髙井薫平 著

【加賀一の宮に停車するモハ3711】加賀一の宮は昔金名線の起点であり、機関庫などもある拠点駅であった。鶴来～加賀一の宮の区間は25年後に廃止される。◎加賀一の宮　昭和50(1975)年　月　撮影：J.Wally Higgins(NRA)

Contents

1章 カラーフィルムで記録された北陸鉄道と尾小屋鉄道

2章 北陸鉄道

3章 尾小屋鉄道

加南線は山中線、動橋線、粟津線、連絡線、片山津線の総称。
(昭和37年に粟津線と連絡線の宇和野～粟津温泉間が廃止されると、その翌年7月より連絡線の残存区間と動橋線が統合され山代線となる。昭和46年に廃止)
石川総線は石川線、能美線、金名線の総称。

◎浅野川線粟ヶ崎海岸　昭和39(1964)年8月　撮影：J. Wally Higgins(NRA)

まえがき

北陸３県、富山県、石川県、福井県には、県内の鉄道を束ねるそれぞれの鉄道が存在しました。それぞれ最初は独立した鉄道として生まれ、戦時中の統合で電力会社との関係の強かった福井県以外はほぼ１県あたり１つの組織に統合されました。面白いのは、富山県と福井県ではそれぞれ県名を使っていますが、石川県だけは石川鉄道にならず「北陸鉄道」というこの地方の総称を会社名に採用しました。この結果、北陸といえばまず金沢、次に富山、福井の名前が自然に出てきます。しかしここでも、「石川」という県名は忘れられた感じがします。

上記以外にも、北陸３県には多くの私鉄が存在しましたし、また今も元気な鉄道も少なくありませんが、本著ではこれを３回に分けてご紹介します。その第１回として北陸鉄道と尾小屋鉄道を取り上げることにしました。戦時中の陸運統制令で石川県の多くの中小私鉄が金沢電気軌道のもとにほぼ統合され、戦時中北陸鉄道（第１次）となり、これが現在の北陸鉄道の母体となります。そして昭和20（1945）年10月に浅野川電気鉄道が合併して、北陸鉄道が完成を見ます。しかし、北陸鉄道を構成する路線の多くはぜい弱な体質だったため、昭和30年代に始まったマイカーブームや道路の整備により輸送手段は自動車に移っていき、多くの路線が廃止に追い込まれていき、現在残るのは不採算区間をそぎ落とした石川線と浅野川線だけになりました。この２線の走る地域は金沢市の通勤圏に含まれ、通勤路線として活路を見出していますが、かつて訪問を重ねたころのローカル色一杯の沿線風景はどこかに行ってしまい、東京からやってきたステンレスやアルミカーが走る交通機関になっています。

金沢の市電ともいうべき北陸鉄道金沢市内線はかつて北陸随一の設備と陣容を誇っていましたが、昭和42（1967）年２月に営業をやめてしまい、北陸３県で唯一市電の走らない県都になってしまいました。今、新しい路面電車システムを積極的に活用した「LRT」の採用で街の活性化を図る富山や福井の街角に立ってみると、金沢駅前の一方通行、兼六園下の深い掘割の中を走るLRTに思いをはせるのです。金沢の市内線は野町で石川総線の野町駅に線路がつながっていましたから、市内線の車両がそのまま鉄道線に乗り入れることもできたはずですが、夢に終わりました。今の観光客に人気の金沢の町は、県外者にはよくわからないバスが町の交通を担っていますが、市電が走っていたらもっと気軽に金沢の街歩きができたのではと思うことがあります。

本書ではそのほか北陸鉄道小松線と同じく国鉄北陸本線小松から出ていた小さな鉱山鉄道、尾小屋鉄道も一緒にご紹介します。戦後まで残った石川県で唯一の軽便鉄道だった尾小屋鉄道は、戦時中に北陸鉄道に統合されなかった鉱山鉄道でしたが、昭和40年ごろには鉱石輸送は自動車輸送に変わり、銅を産出していた鉱山そのものも昭和46（1971）年に閉山しています。現在、元の尾小屋駅からさらに山を登ったところに「尾小屋鉱山資料館」という施設が石川県によってつくられており、これに併設された施設に５号蒸気機関車、キハ３、ハフ１が遺されています。保存車両は他にも小松市符津町にある「いしかわ子ども交流センター小松館」にある「なかよし鉄道」にDC122、キハ１、客車２両が動態保存されて、かつての尾小屋鉄道を偲ぶことができます。また昭和52（1977）年、赤門鉄道研究会OB会の手で尾小屋駅跡に残る駐泊所を改装、キハ２と客車１両を運び込んでいます。

令和４（2022）年３月　髙井薫平

【モハ3743＋モハ3731】◎石川線小柳～日御子　平成２（1990）年７月　撮影：亀井秀夫

1章
カラーフィルムで記録された
北陸鉄道と尾小屋鉄道

【大野川橋梁を渡るモハ3501＋クハ1212】金沢へ向かう上り電車は粟ヶ崎を出るとすぐ大野川の鉄橋を渡る。急行は１駅おきくらいに停車、普通が17分のところ14分で走っていたが、平成18（2006）年12月１日のダイヤ改正から全列車が普通になった。
◎蚊爪～粟ヶ崎　平成５（1993）年11月　撮影：矢崎康雄

加南線（かなんせん）

【山代車庫のモヤ503】小松線から来たモヤ503はもっぱら山代車庫の入れ換え用だった。背後に停車しているのは、昭和32(1957)年に登場したモハ3201+クハ1001で、のちの北陸鉄道スタイルの元祖的存在だった。
◎山代車庫　昭和32(1957)年5月　撮影：J. Wally Higgins(NRA)

【クハ1001+モハ3201】ポールをパンタグラフに変えたクハ1001+モハ3201のきれいな編成。このころの塗色はその後の赤の強い塗分けに比べて、もっと渋い塗装だった。この車両は加南線の廃止により、金沢地区に転籍した。
◎山中　昭和37(1962)年6月　撮影：荻原二郎

【モハ1800形(1801)】片山津線ではポールの先がパンタグラフの集電装置のようになったYゲルを使用していた。
◎動橋　昭和39(1964)年5月　撮影：J. Wally Higgins(NRA)

【モハ1800形(1802)】赤系とクリームの北陸鉄道標準色になる前のマルーンとクリームの塗装である。
◎動橋　昭和39(1964)年5月　撮影：J. Wally Higgins(NRA)

こまつせん

小松線

【モハ1201+サハ501+サハ701】通勤時間帯には雑多なトレーラーを電動車が牽引する編成が用意され、途中の加賀八幡駅で行き違った。◎小松　昭和39(1964)年５月　撮影：J. Wally Higgins(NRA)

【モハ1001+サハ511+サハ571】昭和22(1947)年製のモハ1001が出所の違うトレーラーをつないでやってきた。
◎軽海　昭和39(1964)年５月　撮影：J. Wally Higgins(NRA)

【モハ3000形(3005)】モハ3005が小松に向かって快走する。モハ3000形は個々に差異があったが、モハ3005は張り上げで一番いいスタイルだった。◎若杉～加賀八幡　昭和55(1980)年9月　撮影：安田就視

【鵜川遊泉寺駅舎とモハ3004】のどかな終点の駅に電車が到着する。駅舎の窓上の斜めの板は軒を補強している。先に延ばしたかった線路は実現しなかった。◎鵜川遊泉寺　昭和56(1981)年5月　撮影：安田就視

【鵜川遊泉寺を発車したモハ3004】終点、鵜川遊泉寺の手前に梯川（かけはしがわ）の鉄橋が架かっていた。この川は白山系の鈴ヶ岳が源で大杉谷の渓谷を通り、安宅（あたか）の関付近で日本海に注いでいる。
◎鵜川遊泉寺～軽海　昭和56（1981）年５月　撮影：安田就視

【モハ3000形（3001）】
モハ3000形は廃止になった金石線から小松線に移り、廃止まで小松線で働いた。
◎鵜川遊泉寺
昭和50（1975）年６月
撮影：矢崎康雄

【小松駅と小松製作所】小松線は北陸本線の小松駅から直角方向に出ていた。小松製作所をバックに見える小松線の電車はモハ3003とモハ3005。北陸本線は大阪発青森行き485系の特急「白鳥」。
◎小松　昭和50(1975)年6月　撮影：矢崎康雄

石川総線

【モハ1502+サハ611】石川鉄道が汽車会社に発注した大正14（1925）年製のモハ1502が明治生まれの木造客車を引いて走る。
◎日御子～鶴来　昭和32（1957）年５月　撮影：J. Wally Higgins（NRA）

【モハ5100形（5101）】到着する能美線新寺井行の電車。モハ5100形は昭和26（1951）年に３両製造され、石川総線に投入された。
◎本寺井　昭和32（1957）年６月　撮影：J. Wally Higgins（NRA）

【モハ551+サハ611】写真の茶色の単車モハ551は、山中電軌が大聖寺〜山中間を電化した際に新製した電車で、のちには入れ換えなど事業用になっていた。左側３個の窓が４組並ぶ客車は、国鉄の前身、鉄道院の基本形式でホハ12000形。石川線ではサハ611となって電車に引かれて使用された。◎鶴来　昭和32(1957)年６月　撮影：J. Wally Higgins(NRA)

【モハ5100形(5103)】モハ5100形は昭和26(1951)年に３両製造され石川線に投入された。初めは写真のように正面に貫通扉はなかったが、のちに貫通化、さらに制御器をHLから電動カム軸、自動加速に、モーターも換装され出力アップし、モハ3762に改番された。◎井口〜道法寺　昭和45(1970)年７月　撮影：山田 亮

【雪の中を行くモハ3704】
モハ3700形は昭和２(1927)年製の元名古屋鉄道700形。特徴のある深い屋根を雪が白く覆っている。
◎三ツ口〜加賀岩内
昭和55(1980)年２月
撮影：安田就視

【モハ3740形(3741)】
車体は昭和６(1931)年、知多鉄道(現在の名古屋鉄道河和線)開業時に新製されたもの。元モ900形で、昭和53(1978)年に名鉄で廃車になり北陸鉄道にやってきた。
◎新西金沢〜西泉
平成２(1990)年７月
撮影：亀井秀夫

【モハ3741+モハ3752】
右のモハ3741は元名鉄のモ900形で、昭和６(1931)年の知多鉄道(今の河和線)開業の際に新製された車両。左のモハ3752は昭和26(1951)年、加南線用に新製された元セミクロス車モハ5000形。経歴、スタイルが異なる２両が仲良く連結して走っている。
◎鶴来〜日御子
平成２(1990)年７月
撮影：亀井秀夫

【モハ3760形(3761)】前面の貫通扉や窓上の方向幕は更新の際につけられたもの。
◎鶴来　平成5(1993)年11月　撮影：矢崎康雄

【モハ3760形(3762)】西金沢を出て左にカーブし、踏切にかかる白山下行き準急。車両は昭和26(1951)年にモハ5100形として3両新造されたうちの1両で、制御器やモーターを換装してモハ3762に改番された。
◎新西金沢～押野　昭和59(1984)年6月　撮影：安田就視

【モハ7201+クハ7211】車両基地の横を通る野町行き。車体は元東急7000系の中間車デハ7100形に運転台をつけたもので、北陸鉄道ではモハ7200形を名乗っている。前面はフラットの飾り気のないデザインである。
◎鶴来　平成30(2018)年6月　撮影：田中信吾

【モハ7102+クハ7212】加賀一の宮～白山下が昭和59(1984)年に廃止された。右にはかつてのホームらしきものが見える。この駅が廃止になる平成13(2001)年までここが終点だった。停まっている7000系は平成2(1990)年に導入された。
◎加賀一宮　平成5(1993)年11月　撮影：矢崎康雄

【ED31形（ED311）】
昭和31（1956）年、ED301の次に登場した。ED301などとともにダム建設の資材輸送に活躍したが、その後は除雪などに使用されていた。昭和48（1973）年廃車。石川線の貨物営業は昭和51（1976）年に廃止されている。
◎野町
昭和45（1970）年７月
撮影：山田 亮

【ED30形（ED301）】
昭和29（1954）年東洋工機製。デッキへの出入口は中央にはなく前面は左右非対称。平成６（1994）年に西武701系の台車モーターに履き替え出力アップした。平成22（2010）年に廃車されたが、今は若桜鉄道隼駅で静態保存されている。
◎鶴来
平成20（2006）年９月
撮影：田中信吾

【ED20（ED201）】
昭和13（1938）年に投入された電気機関車第１号だが、生まれはもっと古い。北陸鉄道では改良工事が何度か行われ、貨物輸送がなくなった現在も除雪用として残っている幸運な機関車。
◎新西金沢
昭和39（1964）年５月
撮影：J.Wally Higgins（NRA）

かないわせん
金石線

【中橋駅構内】金石（かないわ）線の金沢のターミナルは北陸本線を跨線橋で越えた海側の中橋駅だった。新塗装になった電車と、旧塗装の廃車体のような車が並んでいる。◎中橋　昭和37（1962）年５月　撮影：荻原二郎

【モハ1830形（1831）】金石線は元金石馬車鉄道。始発駅中橋の次の長田町からは、江戸時代は金石往還、県道17号金沢港線、通称金石街道を走った軌道線である。写真のモハ1831は温泉電軌、加南線から移ってきた。
◎長田町　昭和32（1957）年５月　撮影：J. Wally Higgins（NRA）

【モハ1600形(1601)】金石線の終点の駅が大野港(おおのみなと)。モハ1601は元浅野川電気鉄道デハ2で、昭和2(1927)年の日本車輌製。のちに付随車化され、サハ1601となって、小松線へ転出した。
◎大野港　昭和32(1957)年5月　撮影：J. Wally Higgins(NRA)

【金石駅舎】日本映画の興行宣伝ポスターが所狭しと並び、右端には金沢大学開学記念祭の開催の知らせが貼られている。
◎金石　昭和37(1962)年5月　撮影：荻原二郎

あさのがわせん

浅野川線

【粟ヶ崎海岸に停車中モハ3561】
駅のすぐ先は日本海で、ここには駅舎などの設備はなかった。内灘からここ粟ヶ崎海岸までは夏季だけ運転されていたが、昭和47（1972）年８月末で休止、昭和49（1974）年に廃止になった。
◎粟ヶ崎海岸
昭和39（1964）年８月
撮影：J. Wally Higgins（NRA）

【大野川を渡るモハ3100形（3102）】電車は向こう、すなわち金沢に向かっている。ポールは先頭の電動車が上げている。モハ3102は元伊那電気鉄道の買収国電。◎蚊爪～粟ヶ崎　昭和32（1957）年５月　撮影：J. Wally Higgins（NRA）

【内灘駅構内 モハ1201とモハ3561】
内灘車庫の側線にモハ3561とクハ1201が置かれている。ともに元温泉電軌の車両。
◎内灘　昭和48(1973)年８月
撮影：安田就視

【モハ3550形(3551)】
昭和37(1962)年にモハ3501に続いて浅野川線に投入されたいわゆる北鉄タイプの車両。前年に生れたモハ3501と同じスタイルだが、電気品は買収国電モハ850形の廃車発生品を活用している。
◎内灘　平成５(1993)年11月
撮影：矢崎康雄

【クハ1210形(1212)】
昭和31(1956)年、サハ2002として石川線に投入され、のちに制御車化。昭和48(1973)年に浅野川線に転属した。
◎内灘　平成５(1993)年11月
撮影：矢崎康雄

【内灘駅を望む】終点の内灘駅は一面一線で、手前で検車区に入る線が分岐する。
◎内灘～粟ヶ崎　平成５（1993）年11月
撮影：矢崎康雄

【70周年記念のヘッドマークをつけたモハ8812】
浅野川電気鉄道が新須崎～粟ヶ崎遊園前（現在の内灘）を開通させ、金沢駅前から粟ヶ崎遊園前まで延びたのは昭和４（1929）年７月である。
◎内灘　平成25（2013）年９月
撮影：寺田裕一

【モハ8811+モハ8801】
1500V昇圧、北鉄金沢地下化対策として元京王3000系が入線した。写真は第1編成。第1第2編成は片開き、第3編成以降は両開きで車体幅も広がっている。北鉄ではそれぞれ8800・8900番台で形式区分している。
◎内灘
平成12(2000)年5月
撮影：田中信吾

【モハ8903＋モハ8913】
8900番台は両開き扉、幅広車体の後期車が充当され、3編成ある。ともに先頭車で、制御車だったので中間の電動車の機器を搭載した。
◎粟ヶ崎～蚊爪
平成30(2018)年6月
撮影：田中信吾

【03-839+03-139】
8000系の老巧化に伴い、東京メトロ日比谷線の03系を導入、令和2(2020)年から運転開始した。2両×5本=10両が置き換わる予定。
◎三口～三ツ屋
令和3(2021)年1月
撮影：寺田裕一

能登線（のとせん）

【キハ5200形(5201)】
ホーム屋根上にあった乗り場案内看板はよく目についた。能登線は三明（さんみょう）までで、そこから先の富来（とぎ）・門前へはバス乗り換え。車両は昭和25(1950)年に譲受された元国鉄キハ41043。
◎羽咋
昭和36(1961)年1月
撮影：荻原二郎

【ハフ1500形(1502)】
能登鉄道が昭和5(1930)年に導入した単車のガソリンカーだったが、戦時中にエンジンを外し客車になった。2両あり雨宮工場製。
◎羽咋
昭和36(1961)年1月
撮影：荻原二郎

【キハ5201とキハ5301】
能登線の気動車のキハ04タイプと唯一の新車キハ5301が並ぶ。このころは急行列車、1往復が設定されていた。
◎羽咋
昭和43(1968)年8月
撮影：荻原俊夫

【海岸線を行くキハ5301】このあたりは夏の海水浴客でにぎわった。◎柴垣〜滝　昭和41（1966）年５月　撮影：田尻弘行

【羽咋行き列車】キハニ5102を先頭にコハフ3001を挟んだDTD編成。最後尾はキハ5201。機関士は２人乗務で運転される。
◎三明　昭和41（1966）年５月　撮影：田尻弘行

かなざわしないせん
金沢市内線

【モハ60形(60)】
単車の木造車がモハ300形の半鋼製車に改造されていく中、木造のまま改造されていた車で、モハ60とモハ61の２両があった。
◎ 場所不明
昭和32(1957)年６月
撮影：J. Wally Higgins(NRA)

【モハ310形(312)】
２系統は金沢駅前から香林坊を通り寺町へ行っていた。モハ300形は古い木造単車を鋼体化してできた。
◎金沢駅前
昭和31(1956)年５月
撮影：荻原二郎

【モハ300形(308)】
５系統寺町行き。５系統は東金沢から寺町で、系統板は黄色地の逆三角形でよく目立った。
◎県庁前付近　昭和38(1963)年８月
撮影：清水 武

【モハ204 モハ2003】
寺町行き２系統の単車モハ204が金沢駅前を発車。後ろには同じ２系統のモハ2000形が乗車を待つ乗客の前にループ線を回って到着。モハ200形は昭和６(1931)年製で、金沢電気軌道の初めての半鋼製車。◎金沢駅前　昭和39(1964)年８月
撮影：J. Wally Higgins(NRA)

【モハ300形(318)】観光客でにぎわう石川橋の上からの撮影。兼六園下から県庁前方向に向かう5系統、寺町行きのモハ300形単車が行く。◎県庁前～兼六園下　昭和41(1966)年8月　撮影：矢崎康雄

【三叉路を行くモハ2101】
金沢駅前から来たモハ2101が武蔵ヶ辻交差点を右折して香林坊の方へ向かう。
◎武蔵ヶ辻　昭和41(1966)年８月
撮影：矢崎康雄

【モハ2100形(2103)】
少し上からのスナップ。金沢駅前がループ線で単線だったことがよくわかる。
◎金沢駅前　昭和41(1966)年８月
撮影：村松 功

【３系統 モハ2000形(2009)】
この先が兼六園下。３系統は右折して小立野に向かう。モハ2000形は昭和24(1949)年近畿車輌で10両製造された金沢で最初のボギー車。急曲線があるため車体幅は狭い。
◎兼六園下　昭和41(1966)８月
撮影：矢崎康雄

金沢市内線の路線図

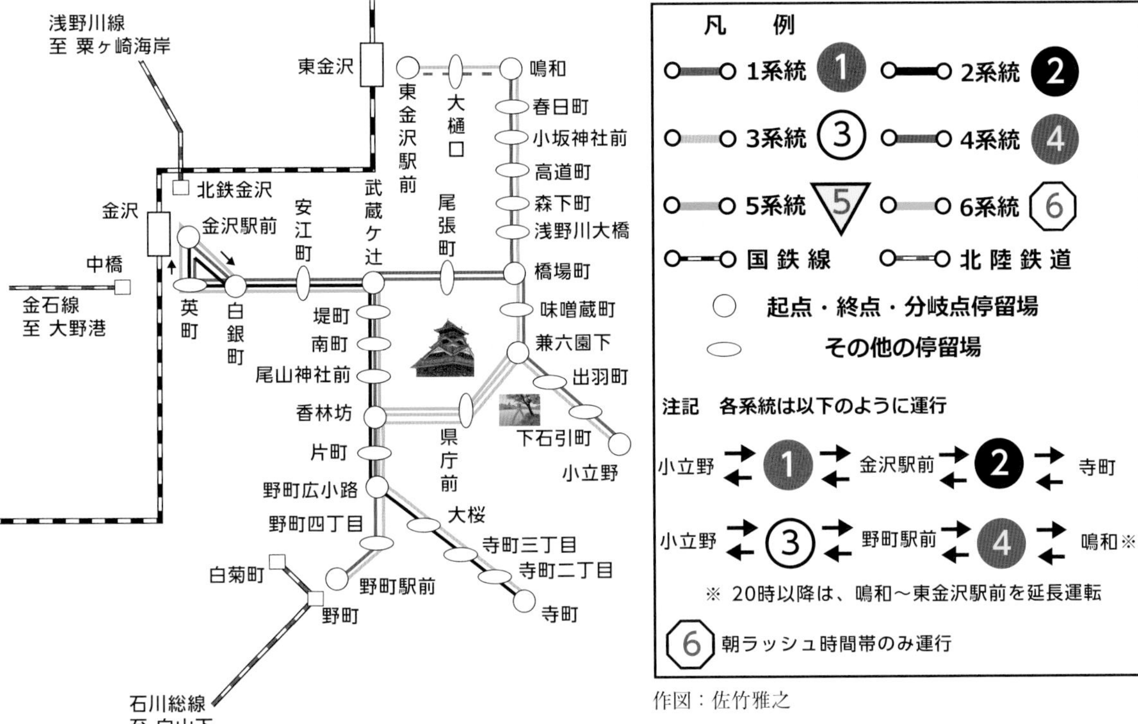

作図：佐竹雅之

【モハ2000形(2006)】旧塗装時代のモハ2006。この色合いの方が古都金沢には似合っていたように思う。
◎寺町　昭和37(1962)年11月　撮影：田尻弘行

【モハ2050形(2051)】
金沢駅前から来た1系統小立野行きが停車、乗降中。安全地帯はなかった。モハ2051は八王子の市街を通り今の高尾山口付近へ行っていた武蔵中央電気鉄道の車両。
◎武蔵ヶ辻　昭和41(1966)年8月
撮影：矢崎康雄

【モハ2200形(2202)】
1系統、小立野から金沢駅前。モハ2200形は昭和31(1956)年から登場した。ほとんどの市内電車はモーターが2個だったが、金沢ではモハ2200形とモハ2300形は4個モーターになった。
◎兼六園下　昭和41(1966)年8月
撮影：矢崎康雄

【モハ2300形(2302)】
2系統寺町行き。2系統の系統板は青地の丸板。モハ2300形は昭和36(1961)年に日本車輌で2両が製造された。4個モーター、間接制御、弾性車輪採用とハイレベルの車だったが、登場6年目で市内線が廃止になり豊橋に移った。
◎ 金沢駅前　昭和39(1964)年5月
撮影：J. Wally Higgins(NRA)

【モハ2060形(2062)】
1系統、金沢駅前から小立野行き。1系統の系統版は赤地に白文字の丸板。繁華街の香林坊は通らない。モハ2060形は昭和38(1963)年に廃止された琴平参宮電鉄のデハ80形を譲り受け車体新製したもの。
◎金沢駅付近
昭和39(1965)年8月
撮影：J. Wally Higgins(NRA)

尾小屋鉄道

おごやてつどう

【C155（No. 5）】
昭和22（1947）年に立山重工業で製造され、私鉄用としては日本で最後に製造された蒸気機関車であった。尾小屋鉄道では5号を名乗った。長島スパーランドに貸し出されたこともある。現在、尾小屋の小松市立ポッポ汽車展示館で静態保存されている。
◎尾小屋
昭和50（1975）年4月
撮影：寺田裕一

【キハ1803】
遠州鉄道奥山線からやってきた。キハ1803という番号は遠州時代の番号で、のちに「180」を車体色に塗りつぶしてキハ3になった。
◎尾小屋
昭和50（1975）年4月
撮影：寺田裕一

【キハ1】
ガソリンカー第1号は日本車輌の標準型で、仲間があちらこちらにいる。この塗色は戦後しばらく使用した配色らしい。
◎新小松
昭和37（1962）年6月
撮影：荻原二郎

【キハ2】
昭和13(1938)年に日立笠戸工場で生まれた当時としては珍しいディーゼルカー。大型車両専門の笠戸工場がつくった唯一の軽便鉄道用の車両でもあった。
◎長原
昭和40(1965)年4月
撮影：J. Wally Higgins(NRA)

【キハ1】
昭和12(1937)年、尾小屋鉄道もガソリンカーを初めて導入した日本車輌製。
◎尾小屋
昭和40(1965)年4月
撮影：J. Wally Higgins(NRA)

【キハ2】
雪景色の中、キハ2が川に沿って走る。
◎金平～六橋
昭和51(1976)年1月
撮影：安田就視

【DC122の引く客車列車】
DC122は昭和33(1958)年協三工業製の12tディーゼル機関車。遠くに腕木式の場内信号機が見える。
◎金平
昭和39(1964)年5月
撮影：J. Wally Higgins(NRA)

【さよなら列車キハ3】
3月19日最終日は倉谷口～尾小屋が不通で、小松からの列車は倉谷口で折り返した。キハ3がホハを連結している。
◎新小松
昭和52(1977)年3月
撮影：堀川正弘

【さよなら列車キハ2】
キハ2にもお別れ装飾がなされた。最終日は大勢の人でにぎわった。
◎倉谷口
昭和52(1977)年3月
撮影：隅田 衷

北陸鉄道、尾小屋鉄道の切符・記念乗車券など

（所蔵・文 堀川正弘）

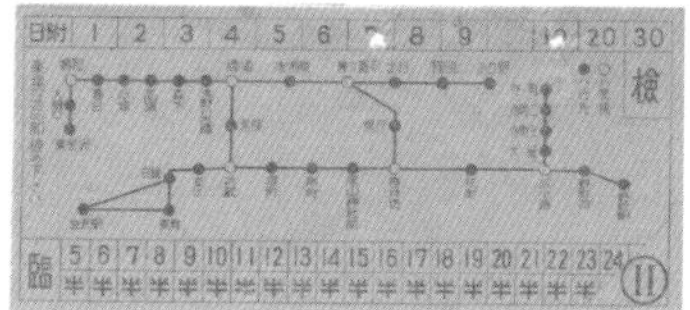

北陸鉄道の金沢市内線の乗換券です。日によって地色が変わりました。

北陸・金沢市内線の乗車券は兼六園や金沢城のイラストをあしらったもので、観光客にも人気がありました。

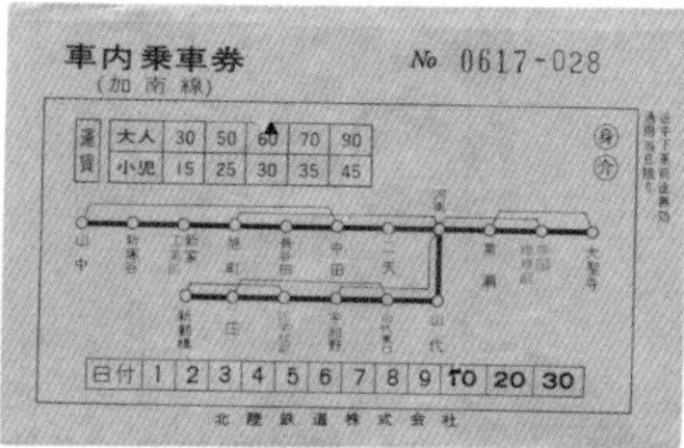

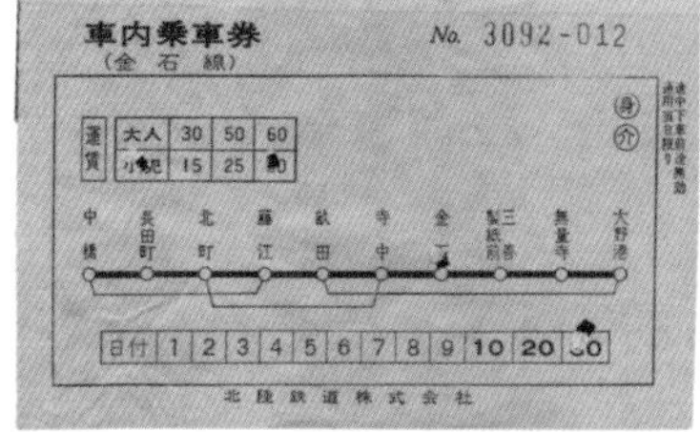

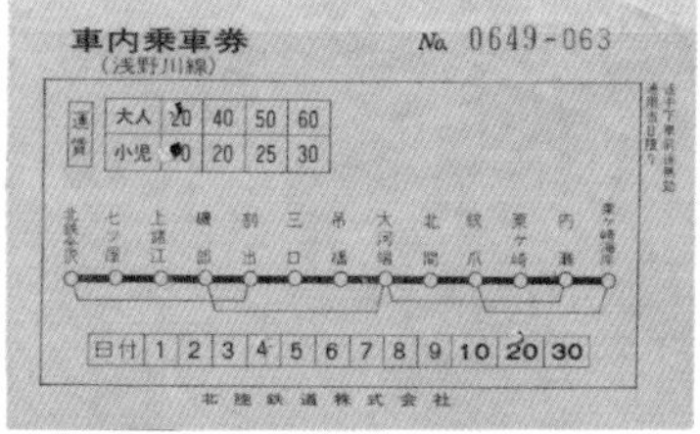

北陸鉄道加南線・金石線・浅野川線各線の車内補充券です。路線図に運賃区分のくくりが入っているのが特徴です。くくりをまたぐごとに運賃区分が増えます。

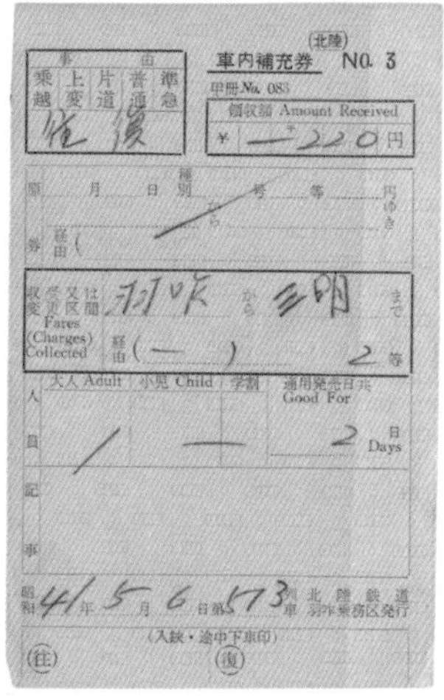

北陸鉄道の能登線にも補充式乗車券がありました。

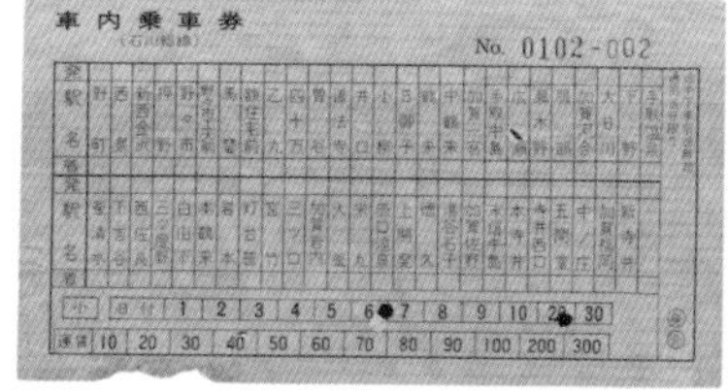

北陸鉄道石川総線の車内補充券。新寺井までの能美線が残っている時代のもので、駅名羅列式です。石川総線だけになってからは、前項と同じ路線図式になりました。

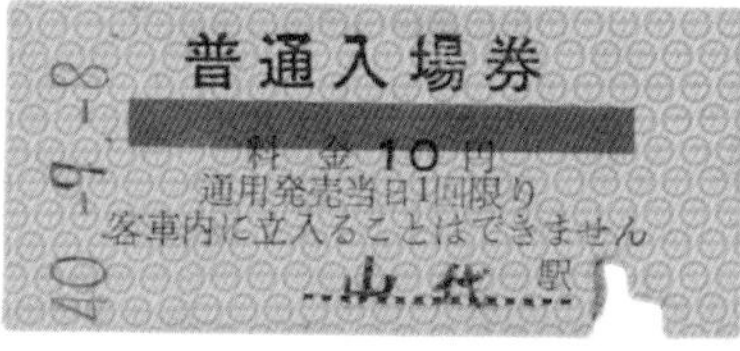

山代駅の入場券です。私鉄は結構、地紋・赤線入りのところがありましたが、駅名が小さいのは珍しいです。

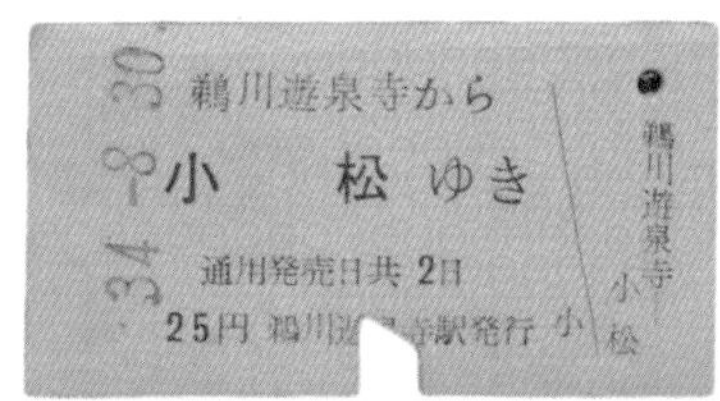

小松線・片山津線の昭和30年代の硬券。A型が主流でしたが無地です。

山中線の乗車券は、昭和40年代に入ると関西私鉄に多い引きちぎりの共通券タイプ（発行駅・日付をゴム印で押印）が主流となってきました。

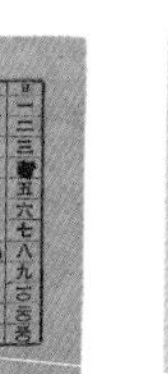

尾小屋鉄道の初期の車内補充券は、写真のように地紋がありました。末期はひとまわり大型になったものの白紙に無地でした。

尾小屋鉄道の硬券は、A型の無地でした。写真の乗車券は最終日ですが、この日は、終点の尾小屋まで運転されず、倉谷口までの運行でした。

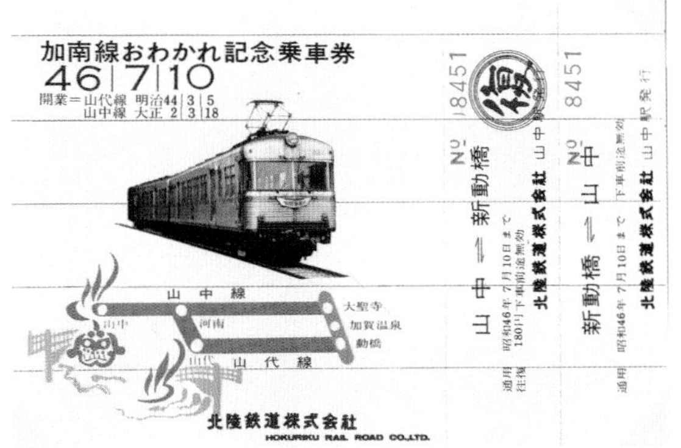

北陸鉄道加南線・金石線の記念乗車券はどちらも往復乗車券です。加南線は湯どころなので、温泉マークのイラストがあしらわれています。

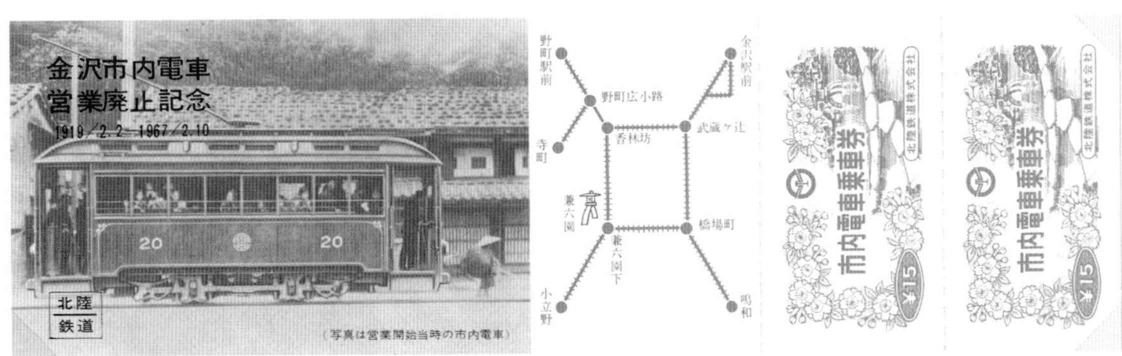

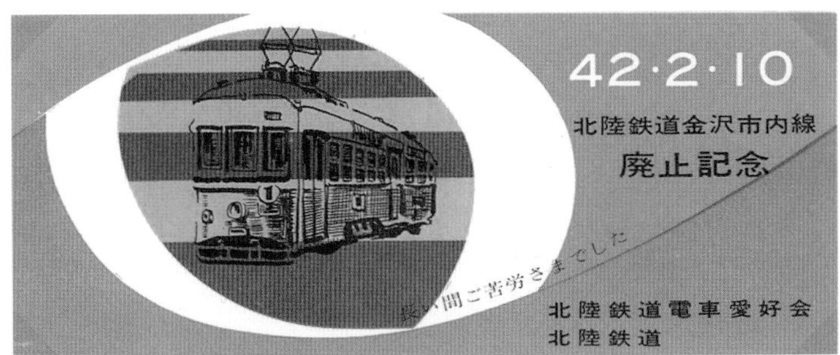

北陸鉄道金沢市内線の会社発行の物は「金沢市内電車」ですが、愛好会発行の物は「金沢市内線」となっています。どちらがなじみ深かったのでしょうか。

尾小屋の記念券は、鉄道会社発行の物の他に、地元の愛好会もタイアップして記念券を発行しました。略称は「尾鉄」だったのですね。

尾小屋鉄道の廃止記念乗車券は、「鉄道尾小屋線」と敢えて謳っているところが珍しいです。尚、最終日は尾小屋まで運転されませんでした。

北陸鉄道の現有路線 (日付は開業年月日) 左側の数字の単位はkm

【石川線】野町～鶴来間13.8km

【大正11(1922)年10月1日全通】

- 0.0 野町 のまち 大正11(1922)年10月1日
- 1.0 西泉 にしいずみ 昭和9(1934)年12月1日
- 2.1 新西金沢 しんにしかなざわ 大正4(1915)年6月22日
- 3.4 押野 おしの 大正4(1915)年6月22日
- 4.0 野々市 ののいち 大正5(1916)年12月1日
- 4.5 野々市工大前 ののいちこうだいまえ 昭和6(1931)年8月11日
- 5.5 馬替 まがえ 昭和18(1943)年2月1日
- 6.1 額住宅前 ぬかじゅうたくまえ 大正4(1915)年6月22日
- 6.8 乙丸 おとまる 昭和10(1935)年3月2日
- 8.2 四十万 しじま 大正4(1915)年6月22日
- 8.8 陽羽里 ひばり 平成27(2015)年3月14日
- 9.3 曽谷 そだに 大正4(1915)年6月22日
- 9.9 道法寺 どうほうじ 大正4(1915)年6月22日
- 10.7 井口 いのくち 昭和12(1937)年8月1日
- 11.4 小柳 おやなぎ 大正4(1915)年6月22日
- 12.1 日御子 ひのみこ 大正14(1925)年9月5日
- 13.8 鶴来 つるぎ 大正4(1915)年6月22日

【浅野川線】北鉄金沢～内灘6.8km

【昭和4(1929)年7月14日全通】

- 0.0 北鉄金沢 ほくてつかなざわ 大正15(1926)年5月18日
- 0.7 七ツ屋 ななつや 大正14(1925)年5月10日
- 1.5 上諸江 かみもろえ 大正14(1925)年5月10日
- 2.2 磯部 いそべ 大正14(1925)年5月10日
- 2.9 割出 わりだし 大正14(1925)年5月10日
- 3.5 三口 みつくち 大正14(1925)年5月10日
- 3.7 三ツ屋 みつや 大正14(1925)年5月10日
- 4.5 大河端 おこばた 大正14(1925)年5月10日
- 5.2 北間 きたま 大正14(1925)年5月10日
- 5.6 蚊爪 かがつめ 大正14(1925)年5月10日
- 6.3 粟ヶ崎 あわがさき 昭和4(1929)年7月14日
- 6.8 内灘 うちなだ 昭和4(1929)年7月14日

北陸鉄道の廃止路線 (日付は開業年月日)

【石川線】

◎白菊町～野町 0.9km【昭和47(1972)年9月20日廃止】

- 0.0 白菊町 しらぎくちょう 大正11(1922)年10月1日
- 0.9 野町 のまち 大正11(1922)年10月1日

◎鶴来～加賀一の宮 2.1km【平成21(2009)年11月1日廃止】

- 0.0 鶴来 つるぎ 大正4(1915)年6月22日
- 0.8 中鶴来 なかつるぎ 昭和2(1927)年12月28日
- 2.1 加賀一の宮 かがいちのみや 昭和2(1927)年12月28日

【浅野川線】

◎内灘～粟ヶ崎海岸 1.3km【昭和49(1974)年7月8日廃止】

- 0.0 内灘 うちなだ 昭和4(1929)年7月14日
- 1.3 粟ヶ崎海岸 あわがさきかいがん 昭和4(1929)年7月14日

【金沢市内線】

◎白銀町～金沢駅前～野町駅前 3.6km
【昭和42(1967)年2月11日廃止】

- 0.9 白銀町 しろがねちょう 昭和20(1945)年5月17日(復路のみ)
- 0.6 英町 はなふさちょう 昭和20(1945)年5月17日(復路のみ)
- 0.0 金沢駅前 かなざわえきまえ 大正8(1919)年2月2日
- 0.6 白銀町 しろがねちょう 大正8(1919)年2月2日
- 0.8 安江町 やすえちょう 大正8(1919)年2月2日
- 1.1 武蔵ケ辻 むさしがつじ 大正8(1919)年2月2日
- 1.4 堤町 つつみちょう 大正8(1919)年7月13日
- 1.6 南町 みなみちょう 大正8(1919)年7月13日
- 1.9 尾山神社前 おやまじんじゃまえ 大正8(1919)年7月13日
- 2.2 香林坊 こうりんぼう 大正8(1919)年7月13日
- 2.5 片町 かたまち 大正8(1919)年7月13日
- 2.6 犀川大橋 さいがわおおはし 大正8(1919)年7月13日
- 2.9 野町広小路 のまちひろこうじ 大正9(1920)年11月15日
- 3.3 野町四丁目 のまちよんちょうめ 大正9(1920)年11月15日
- 3.6 野町駅前 のまちえきまえ 大正9(1920)年11月15日

◎武蔵ヶ辻～小立野　2.7㎞【昭和42（1967）年2月11日廃止】

0.0　武蔵ヶ辻 むさしがつじ　大正8（1919）年2月2日
0.4　尾張町 おわりちょう　大正8（1919）年2月2日
0.8　橋場町 はしばちょう　大正8（1919）年2月2日
1.1　味噌蔵町 みそぐらちょう　大正8（1919）年7月13日
1.4　兼六園下 けんろくえんした　大正8（1919）年7月13日
2.0　出羽町 でわまち　大正8（1919）年7月13日
2.4　下石引町 しもいしびきまち　大正8（1919）年7月13日
2.7　小立野 こだつの　大正8（1919）年7月13日

◎香林坊～兼六園下　1.1㎞【昭和42（1967）年2月11日廃止】

0.0　香林坊 こうりんぼう　大正8（1919）年7月13日
0.4　県庁前 けんちょうまえ　大正8（1919）年7月13日
1.1　兼六園下 けんろくえんした　大正8（1919）年7月13日

◎橋場町～東金沢駅前　2.9㎞【昭和41（1966）年12月26日全廃】

0.0　橋場町 はしばちょう　大正8（1919）年7月13日
0.2　浅野川大橋 あさのがわおおはし　大正11（1922）年7月12日
0.5　森下町 もりもとまち　大正11（1922）年7月12日
0.8　高道町 たかみちまち　大正11（1922）年7月12日
1.2　小坂神社前 こさかじんじゃまえ　大正11（1922）年7月12日
1.7　春日町 かすがまち　昭和20（1945）年5月17日
2.1　鳴和 なるわ　昭和20（1945）年5月17日
不詳　大樋口 おおひぐち　時期不詳
2.9　東金沢駅前 ひがしかなざわえきまえ　昭和20（1945）年12月1日

◎野町広小路～寺町　1.5㎞【昭和42（1967）年2月11日廃止】

0.0　野町広小路 のまちひろこうじ　大正10（1921）年7月10日
0.4　大桜 おおざくら　大正10（1921）年7月10日
0.9　寺町三丁目 てらまちさんちょうめ　大正10（1921）年7月10日
1.2　寺町二丁目 てらまちにちょうめ　大正10（1921）年7月10日
1.5　寺町 てらまち　大正10（1921）年7月10日

【松金線（しょうきん）】

◎野町駅前～松任　8.4㎞【昭和30（1955）年11月14日全廃】

0.0　野町駅前 のまちえきまえ　大正5（1916）年3月13日
0.2　八幡裏 はちまんうら　昭和9（1934）年5月4日
0.4　泉 いずみ　時期不詳
0.8　泉新町 いずみしんまち　昭和9（1934）年5月4日
1.3　有松 ありまつ　昭和11（1936）年10月5日
1.6　二万堂 にまんどう　大正5（1916）年3月13日
2.1　米泉 よないずみ　時期不詳
2.6　押野丸木 おしのまるき　時期不詳
3.2　野々市 ののいち　大正5（1916）年12月1日
3.4　中野々市 なかののいち　時期不詳
3.7　野々市西口 ののいちにしぐち　大正5（1916）年3月13日
4.4　太平寺 たへいじ　時期不詳
4.7　稲荷 いなり　時期不詳
5.4　三日市 みっかいち　大正5（1916）年3月13日
5.9　田中 たなか　時期不詳
6.2　本田中 ほんたなか　昭和12（1937）年7月22日
6.8　番匠 ばんじょう　大正5（1916）年3月13日
7.3　徳丸 とくまる　時期不詳
8.0　八ツ矢 やつや　時期不詳
8.2　東町 ひがしまち　時期不詳
8.4　松任 まっとう　大正5（1916）年3月13日

【金名線（きんめい）】

◎白山下～加賀一の宮　16.8㎞【昭和62（1987）年4月29日全廃】

0.0　白山下 はくさんした　大正15（1926）年2月1日
1.5　三ツ屋野 みつやの　大正15（1926）年2月1日
2.7　西佐良 にしさら　大正15（1926）年2月1日
4.3　下吉谷 しもよしたに　大正15（1926）年2月1日
7.2　釜清水 かましみず　大正15（1926）年2月1日
8.3　手取温泉 てどりおんせん　大正15（1926）年2月1日
9.4　下野 しもの　大正15（1926）年2月1日
10.2　大日川 だいにちがわ　昭和12（1937）年10月5日
11.0　加賀河合 かがかわい　大正15（1926）年2月1日
11.8　服部 はっとり　昭和30（1955）年12月10日
12.3　瀬木野 せぎの　大正15（1926）年2月1日
13.8　広瀬 ひろせ　大正15（1926）年2月1日
14.1　手取中島 てどりなかじま　昭和26（1951）年7月20日
16.8　加賀一の宮 かがいちのみや　昭和2（1927）年6月12日

【能登線】

◎羽咋～三明　25.5㎞【昭和47（1972）年6月25日廃止】

0.0　羽咋 はくい　大正14（1925）年3月3日
3.3　能登一ノ宮 のといちのみや　大正14（1925）年3月3日
4.1　滝 たき　大正15（1926）年8月1日
8.3　柴垣 しばがき　大正14（1925）年3月3日
10.6　甘田 あまだ　昭和2（1927）年4月5日
12.6　大島 おおしま　昭和6（1931）年1月18日
14.6　能登高浜 のとたかはま　大正14（1925）年3月3日
15.4　志賀町 しかまち　昭和28（1953）年4月1日
16.8　堀松 ほりまつ　昭和14（1939）年1月1日

19.2 大笹 おおざさ 昭和35(1960)年5月6日
21.3 米町 こんまち 昭和2(1927)年6月30日
22.7 直海 のうみ 昭和25(1950)年4月11日
25.5 三明 さんみょう 昭和2(1927)年6月30日

【小松線】

◎小松～鵜川遊泉寺 5.9㎞【昭和61(1986)年6月1日廃止】

0.0 小松 こまつ 昭和4(1929)年5月15日
1.0 沖 おき 昭和35(1960)年4月1日
2.1 打越 うちこし 昭和4(1929)年5月15日
2.5 若杉 わかすぎ 昭和11(1936)年12月14日
3.2 加賀八幡 かがやわた 昭和4(1929)年5月15日
3.9 佐々木 ささき 昭和4(1929)年5月15日
5.3 軽海 かるみ 昭和4(1929)年5月15日
5.9 鵜川遊泉寺 うかわゆうせんじ 昭和4(1929)年5月15日

【金石(かないわ)線】

◎中橋～大野港 7.2㎞【昭和46(1971)年9月1日廃止】

0.0 中橋 なかはし 大正9(1920)年10月22日
0.6 長田町 ながたまち 大正3(1914)年8月5日
1.8 北町 きたまち 大正3(1914)年8月11日
2.7 藤江 ふじえ 大正3(1914)年8月11日
3.7 畝田 うねだ 大正3(1914)年8月11日
4.5 寺中 じちゅう 時期不詳
5.4 金石 かないわ 大正3(1914)年8月5日
6.0 三善製紙前 さんぜんせいしまえ 大正12(1923)年8月22日
6.5 無量寺 むりょうじ 大正12(1923)年8月22日
7.2 大野港 おおのみなと 大正12(1923)年8月22日

◎松原～濤々園 0.4㎞【昭和22(1947)年5月22日廃止】

0.0 松原 まつばら(のちの三善製紙前) 大正12(1923)年8月22日
0.4 濤々園 とうとうえん 昭和6(1931)年8月7日

【能美線】

◎鶴来～新寺井 16.7㎞【昭和55(1980)年9月14日廃止】

0.0 鶴来 つるぎ 昭和7(1932)年1月16日
0.3 本鶴来 ほんつるぎ 昭和7(1932)年1月16日
1.5 岩本 いわもと 大正14(1925)年6月5日
2.2 灯台笹 とだしの 大正14(1925)年6月5日
3.6 宮竹 みやたけ 大正14(1925)年6月5日
4.4 三ツ口 みつくち 大正14(1925)年6月5日
5.4 加賀岩内 かがいわうち 大正14(1925)年6月5日
6.1 火釜 ひがま 大正14(1925)年6月5日
6.5 来丸 らいまる 大正14(1925)年6月5日
7.6 辰口温泉 たつのくちおんせん 大正14(1925)年3月21日
8.2 上開発 かみかいほつ 大正14(1925)年3月21日
9.3 徳久 とくひさ 大正14(1925)年3月21日
10.9 湯谷石子 ゆのたにいしこ 大正14(1925)年3月21日
11.5 加賀佐野 かがさの 大正14(1925)年3月21日
12.2 末信牛島 すえのぶうしじま 大正14(1925)年3月21日
13.0 本寺井 ほんてらい 大正14(1925)年3月21日
13.8 寺井西口 てらいにしぐち 大正14(1925)年8月13日
14.1 五間堂 ごけんどう 大正14(1925)年8月13日
14.8 中の庄 なかのしょう 大正14(1925)年8月13日
15.4 加賀福岡 かがふくおか 大正14(1925)年8月13日
16.7 新寺井 しんてらい 大正14(1925)年8月13日

【加南線】

◎山中線 山中～大聖寺 8.9㎞【昭和46(1971)年7月11日廃

0.0 山中 やまなか 大正2(1913)年3月18日
1.0 新塚谷 しんつかたに 昭和3(1928)年月日不詳
1.4 新家工業前 あらやこうぎょうまえ 昭和8(1933)年5月20日
1.7 上原 うえはら 時期不詳
2.1 旭町 あさひまち 昭和5(1930)年月日不詳
2.5 長谷田 はせだ 大正2(1913)年3月18日
2.9 中田 なかだ 昭和6(1931)年月日不詳
3.3 二天 にてん 時期不詳
4.4 河南 かわみなみ 明治32(1899)年10月8日
6.1 黒瀬 くろせ 時期不詳
7.4 帝国繊維前 ていこくせんいまえ 時期不詳
8.9 大聖寺 だいしょうじ 大正2(1913)年3月18日

◎動橋線 宇和野～新動橋 3.3㎞【昭和46(1971)年7月11日

0.0 宇和野 うわの 大正3(1914)年11月1日
1.3 庄学校前 しょうがっこうまえ 昭和5(1930)年月日不詳
2.0 庄 しょう 大正4(1915)年5月1日
3.3 新動橋 しんいぶりはし 大正4(1915)年5月1日

◎粟津線　粟津温泉～新粟津　3.5㎞
【昭和37（1962）年11月23日廃止】

- 0.0　粟津温泉 あわづおんせん　大正３（1914）年11月１日
- 1.1　粟津北口 あわづきたぐち　時期不詳
- 1.6　林 はやし　時期不詳
- 2.1　下粟津 しもあわづ　時期不詳
- 2.8　島 しま　時期不詳
- 3.5　新粟津 しんあわづ　大正５（1916）年２月16日

◎連絡線　河南～粟津温泉　10.6㎞
【昭和46（1971）年７月11日全廃】

- 0.0　河南 かわみなみ　大正２（1913）年11月16日
- 1.3　山代 やましろ　大正３（1914）年10月１日
- 1.9　山代東口 やましろひがしぐち　大正３（1914）年10月１日
- 2.9　宇和野 うわの　大正３（1914）年10月１日
- 3.8　森区 もりく　大正４（1915）年６月15日
- 4.1　二ツ屋 ふたつや　昭和２（1927）年１月１日
- 4.9　勅使 ちょくし　大正３（1914）年11月１日
- 5.7　栄谷 さかえだに　大正４（1915）年６月15日
- 6.1　東栄谷 ひがしさかえだに　大正６（1917）年12月20日
- 8.0　那谷寺 なたでら　大正３（1914）年11月１日
- 9.6　馬場 ばんば　大正４（1915）年６月15日
- 9.9　荒屋 あらや　大正６（1917）年10月１日
- 10.6　粟津温泉 あわづおんせん　大正３（1914）年11月１日

◎片山津線　動橋～片山津　2.7㎞
【昭和40（1965）年９月24日廃止】

- 0.0　動橋 いぶりはし　大正11（1922）年11月23日
- 0.9　合河 あいかわ　明治32（1899）年10月８日
- 1.8　片山津本町 かたやまづほんまち　大正11（1922）年11月23日
- 2.7　片山津 かたやまづ　大正３（1914）年４月29日

尾小屋鉄道

◎新小松～尾小屋　16.8㎞【昭和52（1977）年３月20日廃止】

- 0.0　新小松 しんこまつ　大正８（1919）年11月26日
- 2.7　西吉竹 にしよしたけ　昭和29（1954）年９月５日
- 3.1　吉竹 よしたけ　大正８（1919）年11月26日
- 4.1　遊園地前 ゆうえんちまえ　昭和33（1958）年９月30日
- 5.4　花坂 はなさか　大正８（1919）年11月26日
- 6.3　西大野 にしおおの　大正８（1919）年11月26日
- 7.2　大杉谷口 おおすぎだにぐち　昭和29（1954）年９月５日
- 7.7　金野町 かねのまち　大正８（1919）年11月26日
- 9.0　金平 かなひら　大正８（1919）年11月26日
- 10.7　沢 さわ　大正８（1919）年11月26日
- 11.2　塩原 しおはら　昭和35（1960）年７月８日
- 12.1　波佐羅 はさら　大正８（1919）年11月26日
- 12.8　観音下 かながそ　大正８（1919）年11月26日
- 14.8　倉谷口 くらたにぐち　大正８（1919）年11月26日
- 15.9　長原 ながはら　昭和29（1954）年９月５日
- 16.8　尾小屋 おごや　大正８（1919）年11月26日

※日付は開業年月日で、駅名・停留場名は原則として廃止直前の状況を記しました。
各種資料をもとに編集部にて作成（2022年３月）

昭和37(1962)年当時の時刻表

能登半島 (遊)

37. 8.10 現在　羽咋——三明 (園)(連)（北陸鉄道能登線）

537	658	この間　羽咋	1846	1946	2031	キロ程	円	発羽咋(国)着	612	644	この間　三明	1904	2004	2049
543	704	発三明行　749	1852	1952	2037	…	15	〃能登一宮発	605	637	発 702.800.906	1857	1956	2042
555	715	825. 947.1023	1904	2003	2050	8.3	30	〃柴垣〃	555	627	956.1124.1303	1847	1945	2033
610	730	1150.1259.1421	1926	2017	2105	14.6	60	〃能登高浜〃	541	612	1357.1432.1545	1833	1931	2019
636	756	1541.1649.1803	1950	—	2129	25.5	100	着三明発	510	541	1618.1655	1803	1901	…

白山温泉郷 (遊)

37. 8.10 現在（下欄外参照）白山温泉郷 (遊)（北陸鉄道石川総線）(電)(連)

509	526	この間　白菊町発	2023	2130	2220	2.9	15	発白菊町着	555	646	813	この間　白菊町行	2118	2217
516	537	白山下行620.713	2031	2139	2229	キロ程	円	〃新西金沢(国)発	547	638	804	白山下発720.810.922	2110	2208
520	543	833. 933.1033	2037	2144	2234	2.0	15	〃野々市〃	543	633	758	1022.1122.1215.1321	2105	2204
539	612	1150.1227.1333	2106	2208	2256	11.8	50	〃鶴来〃	523	612	735	1422.1522.1622.1722	2043	2143
544	618	1433.1533.1633	2113	2214	—	13.8	60	〃加賀一ノ宮〃	517	606	711	1822.1922　一ノ宮発	2035	2135
605	645	1733.1833.1920	2138	—	…	23.4	100	〃釜清水〃	…	543	647	933.1036.1635.1735	2013	2113
622	703		2155	…	…	30.6	125	着白山下発	…	528	630	1815	1958	2058

…	…	740	この間　鶴来発	2051	…	…	60	発白菊町着	—	709	735	この間新寺井発	2247	—
518	544	824	新寺井行612.705.938	2132	2212	キロ程	円	〃鶴来発	535	632	655	白菊町行	2211	2259
538	605	844	1120.1320.1617.1706	2150	2230	7.6	40	〃辰口温泉〃	520	607	632	637. 800.1253	2150	2238
602	628	908	1809.1907.2000	2213	2254	16.7	70	着新寺井(国)発	503	542	608	1450	2126	2214

└白菊町発新寺井行1131.1400 新寺井発鶴来行715.831.1002.1054.1210.1253.1343.1550.1640.1717.1820.1930.2022

小松——鵜川遊泉寺 (電)(連)

37. 8.10 現在（北陸鉄道小松線）

535	618	638	この間　国	1815	1930	2020	2135	キロ程	円	発小松(国)着	615	655	717	この間　国	2005	2115	2216
552	635	655	鉄列車接続	1831	1946	2036	2151	6.9	20	着鵜川遊泉寺発	558	638	700	鉄列車接続	1949	2059	2200

（北陸鉄道石川線）　白菊町発鶴来行 650.1000.1110.1258.1800.1900　鶴来発白菊町行1132.1239.1442.1841.1933
白菊町発一宮行 807. 857.1500.1600.1700

加賀温泉郷 (遊)(電)(連)

37. 8.10 現在（北陸鉄道加南線）

…	630	718	この間　河南行	2140	2248	キロ程	円	発新粟津(国)着	608	650	714	この間　河南発	2238	—
619	646	728	808. 918.1020	2150	2258	3.5	20	〃粟津温泉発	558	640	704	802. 852.1200	2228	2338
627	654	736	1228.1319.1427	2158	2305	6.2	30	〃那谷寺〃	550	631	654	1302.1355.1609	2221	2330
639	706	748	1602.1706.1820	2209	2319	11.2	40	〃宇和野〃	539	614	639	1701.1900.2037	2210	2319
644	718	755	1941.2030　山代行	2239	2324	12.9	50	〃山代〃	534	609	633	山代発1005.1138	2203	2313
648	721	758	1112.1503.1915	2242	—	14.2	50	着河南発	530	…	…	1501.1805.1924	2139	2246

517	559	636	この間山中	2125	2200	2232	キロ程	円	発山中着	626	703	740	この間大聖寺	2226	2258	2336
531	613	651	発大聖寺行	2138	2213	2245	4.4	20	〃河南発	613	650	726	発山中行	2212	2245	2322
542	625	702	20—60分毎	2149	2224	2256	8.9	40	着大聖寺(国)発	559	637	712	20—60分毎	2200	2232	2309

片山津温泉	553	約30	2225	キロ程	円	発片山津着	615	約30	2137	640	約30	2257	キロ程	円	発新動橋着	631	約30	2230
	600	分毎	2232	2.7	15	着動橋発	608	分毎	2130	708	分毎	2319	6.4	30	着河南発	612	分毎	2212

金沢—内灘・中橋—大野港 (電) 金沢市内

37. 8.10 現在（北陸鉄道）

545	627	650	705	724	900	この間	2230	キロ程	円	発北鉄金沢着	603	645	723	851	918	この間	2248
607	649	709	727	746	922	約30分毎	2252	6.3	30	着内灘発	542	624	658	830	857	約30分毎	2227

545	630	700	この間	2130	2200	2230	キロ程	円	発中橋着	612	657	727	この間	2157	2227	2257
605	650	720	30分毎	2150	2220	2246	5.4	30	〃金石発	552	637	707	30分毎	2137	2207	2237
612	657	727		2157	2227	2252	7.2	30	着大野港発	545	630	700		2130	2200	2230

金沢市内電車　公園下—金沢駅前 530—2210　野町 532—2210　金沢駅前—小立野 549—2225　寺町 547—2225　13円均一他に野町—鳴和　東金沢—公園下等あり

新小松——尾小屋

37.10.10 現在（尾小屋鉄道）

600	703	この間 新小松発 800	1940	2100	キロ程	円	発新小松着	659	この間　尾小屋発　635	2040	2200
633	732	910.1030.1230.1400	2008	2133	9.0	50	〃金平発	632	735. 809. 909.1016.1229	2009	2133
706	803	1530.1645.1710.1820	2034	2204	16.8	95	着尾小屋発	605	1347.1514.1650.1825	1939	2105

すでに松金線は昭和30(1955)年に野々市～松任が廃止されているが、それ以外の路線がほぼ載っている時点の「交通公社時刻表」である。石川総線の名前が載っており、このときの金沢のターミナルは白菊町である。市内線乗り継ぎの野町駅の掲載は無い。白菊町から能美線新寺井への直通列車がある。能美線という表示はなくて一括して石川総線。白菊町からの列車は同じ路線でも行先別に掲載され、時刻順に比べると使いにくい。小松線は国鉄列車に接続とだけあり発車時刻が出ていない。他も約30分毎、約60分毎の表示、金沢市内電車も運転系統がわからない。時刻表は国鉄中心で私鉄のページ割り当てが少ない中、いたしかたなかったのであろう。ともかく、少ないスペースの中にできるだけ多くの情報を入れているのは評価できる。

2章
北陸鉄道

北陸鉄道の成長の過程は別の図表のとおりである。ほとんどの地域の交通手段はバス、その後自家用車に移ってしまい、さらに地域の過疎化もあって、現在残るのは金沢市の通勤路線として残る石川総線の一部と浅野川線だけになってしまった。車両は東京で通勤輸送に使用された、新性能電車に変わった。しかし、これらの車両は機器の無接点化や日々更新されている新しい技術に裏づけられた車両で、これまでのように使える限り使おうという車両保守とはかけ離れたものになった。かつての北陸鉄道が得意とした「使えるものは何でも使う」という企業風土は、今後どのような変化を遂げるか見守りたいと思う。

【サハ561+モハ1812】
モハ3200形や5000形が入る前の加南線の列車は、電動車モハ1800形が古い木造のボギー客車を牽引するのが日常であった。
◎連絡線　山代〜河南　昭和32(1957)年6月　撮影：上野 巖

加南線

世の中が落ち着いてくると、生活にもゆとりが出てきて、北陸鉄道が真っ先に手をつけたのが、加南線の観光路線への脱皮だった。その後のことは前書きに述べたように、観光客の位置づけが変わって昭和40（1965）年の片山津線の廃止（これ以前に使い勝手の悪かった宇和野～新粟津間が昭和37（1962）年に営業をやめている）に始まり、昭和46（1971）年１月には加南線全部が姿を消している。加南線専用だった６両のクロスシートカーのうち、モハ5001は石川総線に移って制御器や主電動機を交換してモハ3751・3752になった。6000系「くたに」と6010系「しらさぎ」は自社線内では転出先が見つからず、大井川鉄道に売却されたが、とくに昇圧工事（加南線が600Vに対して大井川鉄道が1500V）の容易であった「しらさぎ」は、のちにワンマン化されて長く使用された。しかし、当時としては新性能電車だった「くたに」は、昇圧工事が困難なために単独編成として復帰できず、名称を大井川鉄道の沿線にちなんだ「あかいし」に改称したのち、当初は元富士身延鉄道のモハ305を、その後は小田急電鉄から来たモハ1906を機関車代わりにしたMcTcTc編成で使用された。

大聖寺を出ると電車はしばらく田んぼの中を走り、左から山代温泉方面から来る線路が近づいたところが河南。ここで動橋・粟津からやってくる線路と合流する。粟津線は、国鉄北陸本線に接続する新粟津から粟津温泉、那谷寺、山代温泉を抜けて河南に至る加南線最長の路線(ただし、粟津温泉から河南は連絡線）であるが、電車はここが終点で、有名な山中温泉に行くには大聖寺からくる山中線の電車に乗り換えることになる。

山代駅は名高い温泉場の玄関で、中心地にも近い。昔ここに加南線の車庫があった。今も現地に行ってみるとかつての車庫の残影がよみがえった。その山代車庫は火災でほとんどすべての車両を失った忌まわしい場所であり、訪問したとき使用目的のはっきりしない車両が並んでいた。

【山中温泉駅のクハ1001】 北陸鉄道最初のクハであった。運転台は片側で、連結面寄り妻面には貫通扉があった。
◎山中　昭和32（1957）年６月　撮影：上野 巖

【モハ3200形(3201)】ポールを上げて大聖寺行きが出ていく。ポール操作は車掌が行うので、妻窓の中央の窓はいつも開かれていた。この先もう1度ポイントを通過するので、車掌が待機している。
◎河南　昭和34(1959)年9月　撮影：上野 巖

【モハ3201+クハ1001】モハ5001・5002に続いて加南線に投入されたロングシートカーで、北陸鉄道として最初のMT編成であった。ただ閑散期には単行で運転されることが多く、クハと連結する側は初めての貫通式になっていた。製造当初はポール集電だったが、昭和37(1962)年にパンタグラフに変わる。昭和31(1956)年に石川総線に入ったサハ2002とともに、この2扉、張り上げ屋根のスタイルは、その後の北陸鉄道電車の基本形になった。◎大聖寺付近　昭和38(1963)年5月　撮影：竹中泰彦

温泉地の誘惑：加賀温泉郷

まだ道路事情の良くなかった昭和30年代、観光地への足は鉄道だった。戦後世の中に復興の兆しが見えるころ、関西地区からの観光の奥座敷として脚光を浴びていたのが粟津、片山津、山中、山代などの北陸本線から少し入った温泉地であった。これらの名湯と北陸本線各駅とを結んでいた、その名もかつて温泉電軌と称した北陸鉄道加南線には、早速観光電車の計画が持ち上がり、モハ5000形、6000系、6010系など当時としては素晴らしい観光電車を登場させた。

【モハ5000形（5001】
北陸本線の急行列車の到着を待って温泉行きのポールカーは間もなく発車する。全線8.9km、乗車時間は30分に満たないが、乗り換え客を待つ電車の車内はクロスシート、床には当時珍しかったリノリュームが敷かれて、窓にはカーテンが取り付けられている。
◎大聖寺
昭和34（1959）年８月
撮影：高井薫平

【ポールをつけたロマンスカーモハ5001】温泉に観光客を運んだモハ5001・5002は鉄道廃止後、金沢市の石川総線に移り、ステンレスカーに置き換わるまで長く活躍した。◎山代～河南　昭和32（1957）年６月　撮影：上野 巌

【大聖寺川を渡るモハ5001】モハ5001・5002の２両は昭和26(1951)年、粟ヶ崎遊園で開催された「体育と観光の博覧会」輸送のため一旦浅野川線に入線したのち加南線やってきた。◎山代～河南　昭和32(1957)年６月　撮影：上野 巌

北陸鉄道、尾小屋鉄道全体図

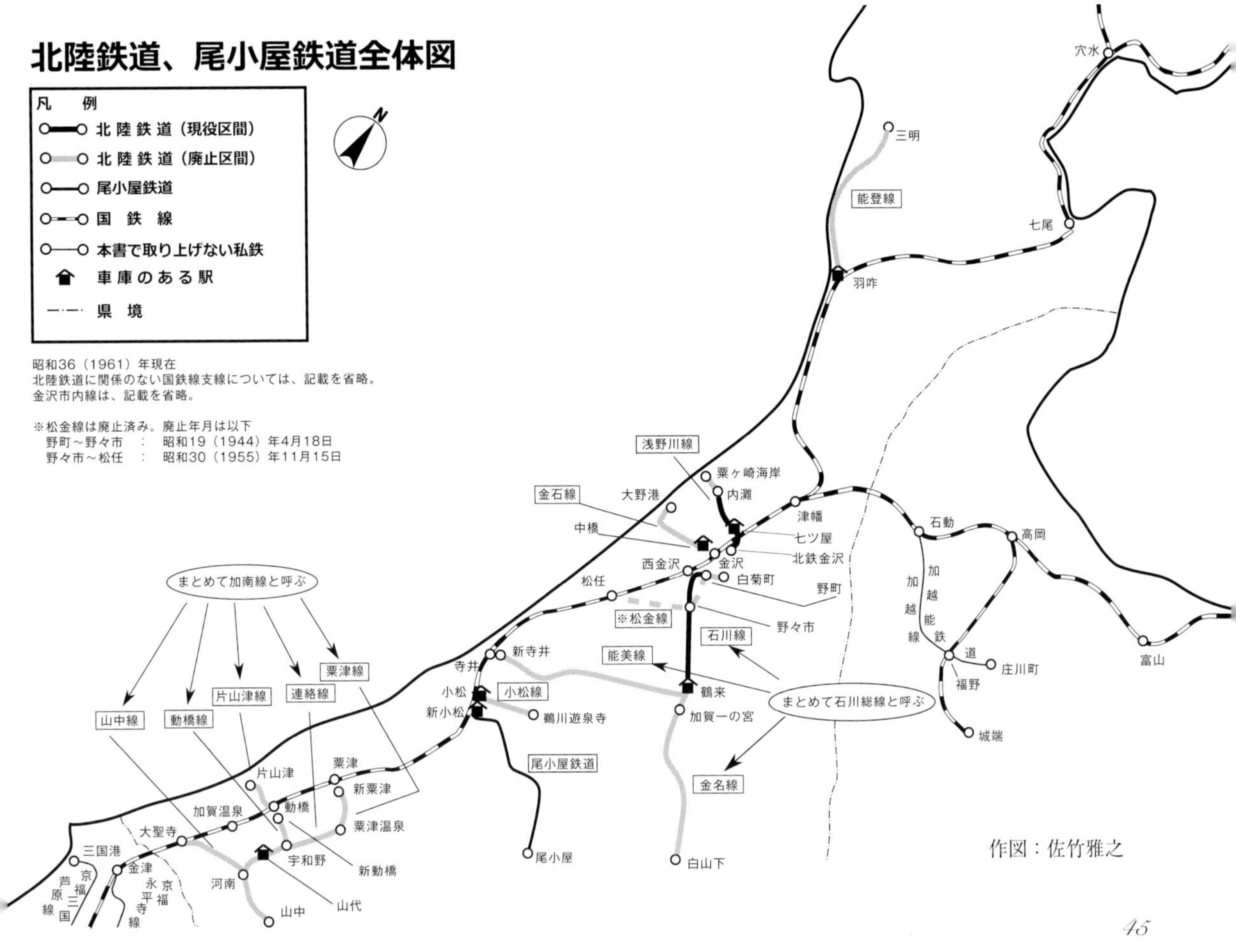

凡　例
- 北陸鉄道（現役区間）
- 北陸鉄道（廃止区間）
- 尾小屋鉄道
- 国　鉄　線
- 本書で取り上げない私鉄
- 車庫のある駅
- 県　境

昭和36（1961）年現在
北陸鉄道に関係のない国鉄線支線については、記載を省略。
金沢市内線は、記載を省略。

※松金線は廃止済み。廃止年月は以下
野町～野々市　：　昭和19（1944）年4月18日
野々市～松任　：　昭和30（1955）年11月15日

作図：佐竹雅之

【クモハ6001+クハ6051】山中温泉の人気は絶大であったのか、昭和37(1962)年に登場した北陸鉄道初の転換クロスシート車であり、かつ初のカルダン駆動車であった。２枚窓の正面には九谷焼でつくった「くたに」という愛称プレートも誇らしげだった。しかし加南線は昭和46(1971)年７月に廃止され、北陸鉄道での活躍は10年余りで終わった。
◎河南　昭和39(1964)年12月　撮影：風間克美

【クモハ6001+クハ6051】この２両は市内線を除いた北陸鉄道で、唯一新型台車を装備していた。
◎山中　昭和41(1966)年７月　撮影：荻原俊夫

クモハ6011＋クハ6061

昭和38（1963）年に6000系の増備の形で生まれたクモハ6011+クハ6061は、製造した日本車輌の試作的要素を持つアルミカーである。しかし、台車や電気品関係は当時北陸鉄道が持っていた旧伊那電気鉄道のものなどを再利用した。愛称は「しらさぎ」であった。

6000系と6010系の２編成は車齢も若く、加南線廃止後に同じ観光路線である大井川鉄道に譲渡され長く使用されたのち、廃車後6010系の２両は「道の駅山中温泉ゆけむり健康村」に里帰りしている。

【クハ6061＋クモハ6011】
この車両の車体構造は確かアルミニウムの引き抜き材をつなぎ合わせて製作したという古い記憶がある。スタイルはクモハ6000を踏襲していた。
◎山中　昭和45（1970）年７月
撮影：山田 亮

【クモハ6011＋クハ6061】窓下の帯は塗装ではなく、金色のアルマイト加工した材料を張り付けていた。
◎河南～黒瀬　昭和41（1966）年３月　撮影：今井啓輔

【クモハ6011+クハ6061】このあたりは県道に沿って線路が敷かれており、鉄道廃止後は道路拡張に利用された。
◎中田～長谷田　昭和40（1965）年４月　撮影：髙井薫平

【河南駅に並ぶクハ6051・モハ1812・モヤ503】河南駅は山代温泉・粟津温泉方面との連絡駅で、にぎわっていた。左から山中行きのクハ6051，中央は新動橋行きのモハ1812、そして右はモヤ503で河南における貨車の入れ換えに使用されていた。
◎河南　昭和39（1964）年11月　撮影：荻原二郎

【温泉電軌と車庫火災】

大正2（1913）年に山中～大聖寺間を開業した旧山中電軌には単車が3両あり、その後、温泉電軌と名を変えたときも単車が引き続き主力だった。ボギー車の登場は大正11（1922）年で、まずデハ15～17の3両が登場した。実は加南線の前身、温泉電軌は昭和6（1931）年と昭和16（1941）年11月28日に2度の火災で車両の多くを失っている。とくに2回目の山代車庫の火災は、在籍車両のほぼ全数になる15両を焼失する悲劇に見舞われた。折から国は戦時統制の時代に入っており、他社（金石電気鉄道・北陸合同電気・永平寺鉄道・京都電燈他）からの応援を得て急場をしのぎつつ、超法規的な措置（車両設計変更改造認可）でつくられたのが9両のボギー車で、のちに北陸鉄道モハ1800・1810形とさらによく似たスタイルでつくられた1820形を名乗る車両である。なお、単車の一部（デ2・14）は飛び地である片山津線にいたため難を免れている。

【モハ1811・クハ6051「くたに」】
河南駅から山代の車庫は比較的近く、仕業の合間にねぐらに戻った新鋭と、温泉電軌の代表的車両、モハ1811。
◎山代車庫
昭和39（1964）年12月
撮影：風間克美

【モハ1800形（1815）】
大聖寺川の流れの向こうをゆったりとポール電車が走るのどかな初夏の午後のひととき。
◎ 山代～河南 大聖寺川橋梁
昭和32（1957）年6月
撮影：上野 巌

【モハ1800形】

昭和16（1941）年11月28日の山代車庫火災で焼失した車両の機器を使って、超法規的に生まれた9両（デハ21～29）の車両で、昭和24（1949）年の改番でモハ1801～1803・1811～1816になった。乗務員扉の後ろにすぐ客用扉を配置する戦時中とはいえなかなか好ましいスタイルの車両だった。旧温泉電軌の代表的な車両として使用され、加南線廃止後一部の車両は金沢地区（小松線・浅野川線）に移った。

【モハ1812】刈り取りの終わった水田地帯を行く。集電装置はポールからパンタグラフに変わっている。
◎新動橋～庄　昭和39（1964）年12月　撮影：風間克美

【大聖寺行きモハ1814】温泉電軌の引き継ぎ車で、最初2個モーターだったが、4個モーターに強化された。加南線に5000形、6000・6010系と新鋭車が入ったため押し出され、加南線から浅野川線・金石線と転線し、最後は小松線で廃車になった。
◎河南　昭和34（1959）年9月　撮影：上野 巖

【モハ1800形(1812)】新塗装の明るいいでたちとなったモハ1812。集電装置もパンタグラフに変わっている。
◎河南～山代
昭和39(1964)年12月
撮影：風間克美

【片山津線モハ1811+モハ1816】
片山津線の1800はYゲルが定番と思っていたが、ポールも使われていたのにあとから気づく。
◎動橋
昭和34(1959)年8月
撮影：高井薫平

【山代駅に停車中のモハ1821】
手前の分岐線が車庫に通じ、写真の向こう側は山代温泉の旅館街に通じる。
◎山代
昭和40(1965)年3月
撮影：今井啓輔

【モハ1800形(1802)】元温泉電軌デハ17であるが、工場火災による罹災やその後の機器の入れ替え、車両番号の変更など履歴が複雑である。集電装置はＹゲルで、片山津線に所属していた。
◎動橋　昭和34(1959)年８月　撮影：髙井薫平

【モハ1800形(1802)】片山津駅は温泉場から少し離れた町の中にあり、電車は家並みの後ろを通って駅に到着した。
◎片山津　昭和39(1964)年12月　撮影：風間克美

【モハ1810形(1812)】新動橋は山代方面からの連絡線の終点で、国鉄線と線路はつながっていなかった。国鉄線との貨車の授受は新粟津駅が利用された。◎新動橋　昭和39(1964)年12月　撮影：風間克美

【クハ1600形(1603)】遠州鉄道から譲り受けた中で、クハ1603が1両加南線に配属され、ただ1両の3扉車として重宝がられた。◎河南～山代　昭和39(1964)年12月　撮影：風間克美

【モヤ503鋼体化前】
小松電気鉄道生え抜きの木造単車（モハ501～503）で、昭和24（1949）年に加南線にやってきた。加南線では旅客用には使用せず、モヤ503の名で事業用となっていた。
◎山代車庫
昭和34（1959）年８月
撮影：高井薫平

【モヤ503鋼体化後】
モヤ503は木造車体の痛みがひどく昭和36（1961）年、鋼体化改造、出力強化とボギー化が行われ、モヤ503のまま使用された。その後、形式をＥＢ211に変更、電気機関車の仲間入りをした。
◎河南
昭和40（1965）年４月
撮影：田尻弘行

【モヤ601】
いろいろな資料を探すも見つけることのできない車両で、この日山代車庫の裏手で見つけた。少し場違いの塗装が施された、一見架線修理車のような車両だった。足回りから推察すると、かつて京都市電から譲り受けた電動貨車のものかもしれない。
◎山代車庫
昭和34（1959）年８月
撮影：高井薫平

北陸鉄道会社統合図

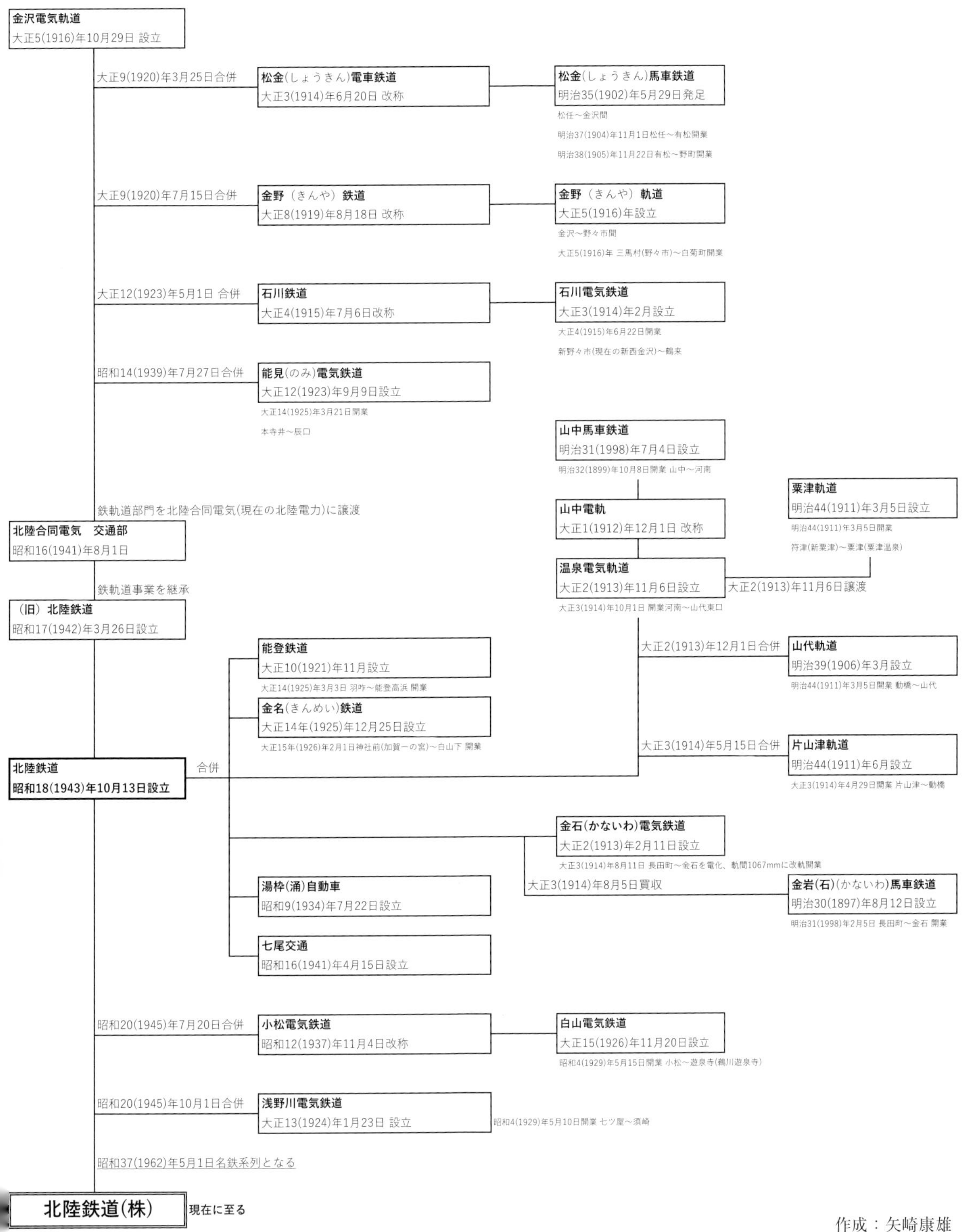

作成：矢崎康雄

小松線

北陸鉄道小松線に乗るには、北陸本線のホームの端の方にある地下道をくぐっていったと記憶している。そしてこの地下道を上がった先に、立派な小松線の待合室があった。小松線の駅そのものは小松製作所の塀に沿ってつくられ、小さな車庫も設けられていた。当時も小松製作所の通勤路線といった感じだった。小松線の歴史は意外に複雑である。終点の鵜川遊泉寺という地名は、江戸時代に開坑されたといわれる遊泉寺銅山に由来する。明治40（1907）年には遊泉寺銅山専用鉄道が小松まで開通している。しかし、大正９(1920）年に銅山は閉山されてしまい、その後この施設を使った鉄道の計画が持ち上がる。会社名を白山電気鉄道と称し、鵜川遊泉寺から先への延長を目論んでいた。昭和４（1929）年５月15日、小松～鵜川遊泉寺間5.9㎞が開通するが、開業当時から経営は苦しかった。遊泉寺以遠の延長も思わしくなく、地方には珍しい企業への通勤路線の色彩を強めていた。当初目論んだ貨物輸送も皆無で、小松駅での国鉄との連帯輸送も行われなかった。

白山電気鉄道は白山を目指す未開業路線の免許を持っていたが、延長する力もなく、これらの路線免許の失効により、社名に白山を名乗るのは不都合になり、昭和12（1937）年11月４日、小松電気鉄道と社名を変更する。さらに経営の苦行は続き、ついに昭和20（1945）年７月20日、新しく設立された北陸鉄道に一切を譲渡して会社は解散した。

小松線の線形は単純である。国鉄北陸本線からほぼ直角に線路は延びており、ほぼ平坦でまっすぐに直線が続く。全線の中ほどの加賀八幡ではラッシュ時に列車交換するが、日中は１列車で事足りる短い路線である。小松の車庫には開業時からの生え抜きの単車などがいた。そして終点の鵜川遊泉寺には小さなガソリンカーが２両転がっていた。北海道の余市臨港軌道からやってきたもので、朝のラッシュの増結用と見た。

小松線はその後、並行道路と競合するようになり、昭和61（1986）年に廃止となった。小松電気鉄道は木造単車デ１～３の３両で開業した。その後１両が加南線に転じて、大改造ののち機関車代わりに使用された。２両は最後まで小松線で働いたが、その後増備されたボギー車に職を奪われ二級的存在だった。

【モハ1000形（1001）】日本鉄道自動車（現東洋工機）が戦後自社開発した小型車両で、近江鉄道にも仲間がいる。もともと日本鉄道自動車が保有していた車両を昭和22（1947）年石川県下で行われた第２回国民体育大会で、水泳会場のあった松任地区への輸送力強化のため借り入れたのち、昭和24（1949）年11月付で購入したものである。このため、通常の高さのホームからの乗降を前提にして、乗降口が床面と同一であるこの車両は、ホームが低かった松金線で乗降にはかなり無理があったが、そのまま使用され使用され松金線廃止により小松線に移り、昭和46（1971）年にモハ3000形と交代するまで小松線で使用された。
◎小松　昭和34（1959）年８月　撮影：高井薫平

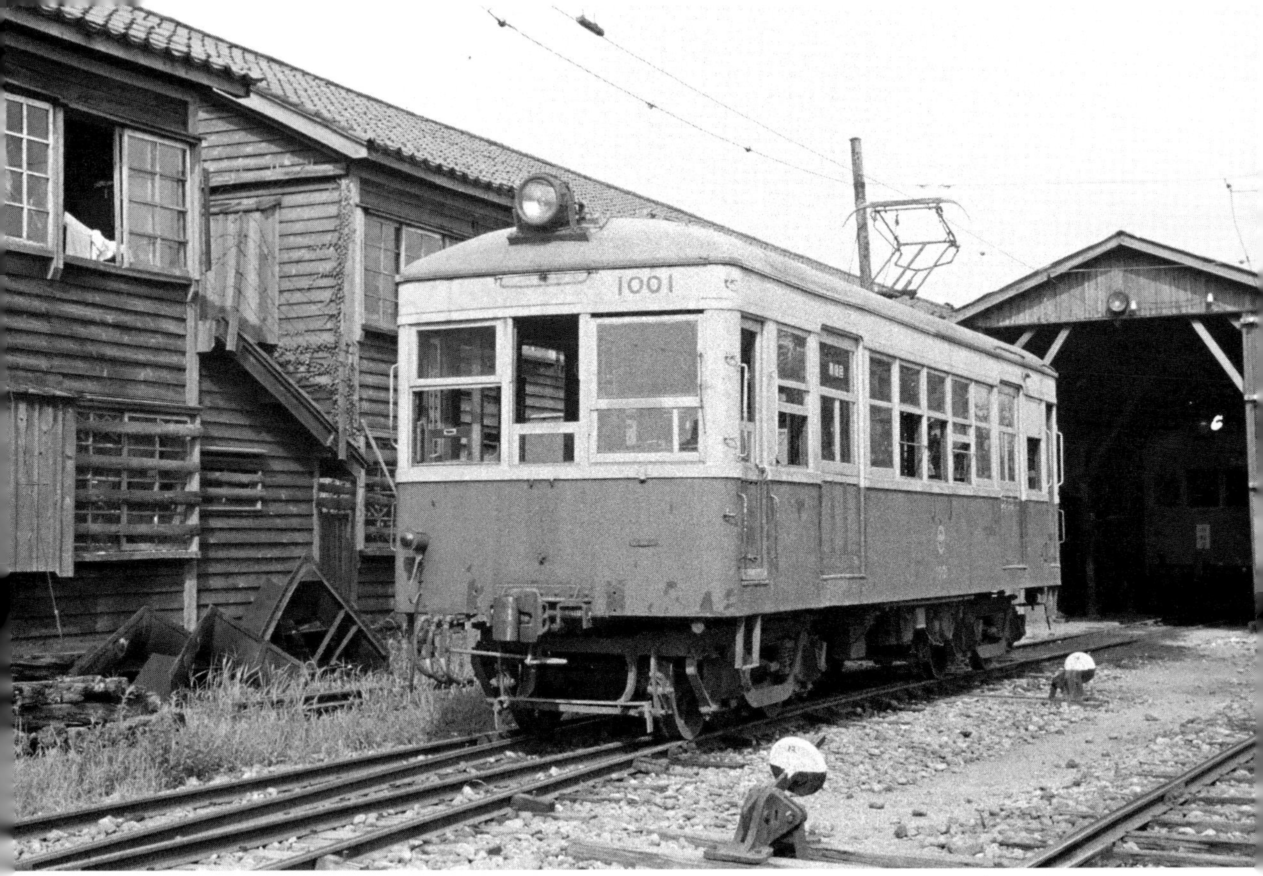

【モハ1000形(1001)】まるで模型のようにかわいらしく、均整のとれたスタイルである。日本鉄道自動車が自社の責任でつくったといわれるが、真相は定かでない。◎小松　昭和34(1959)年8月　撮影：髙井薫平

【モハ1000形(1001)】
乗務員扉は車体の四隅についていた。ドアエンジンもついていて、ドアの窓ガラスには「自動扉」の表記があった。
◎小松　昭和42(1967)年9月　撮影：風間克美

【モハ1000形(1002)】
正面からの姿はまるで東京急行電鉄のデハ3500など戦時中の東京の電車だ。
◎小松　昭和42(1967)年9月
撮影：風間克美

【朝の通勤電車】モハ1001がサハ571とサハ301を引いている朝のラッシュ風景。サハ301はかつての茶色１色から新しい北陸鉄道の塗り分けになっている。前後についていた大きめの荷物台は撤去されている。
◎軽海〜鵜川游泉寺　昭和37（1962）年５月　撮影：荻原二郎

**【小松駅で並ぶ
モハ1201とモハ1002】**
松金線・金石線で活躍した小型車たちの、最後の活躍の場は小松線であった。小松線からの転出車はすこぶる少ない。
◎小松　昭和42（1967）年９月　撮影：風間克美

【サハ300形（301）】
北海道からはるばるやってきた小さなガソリンカーが前身。元余市臨港軌道のキハ101・102で、北陸鉄道に来てから扉を１つ増設した。小さな車だが、ラッシュには３両目の車として活躍した。
◎鶴川遊泉寺　昭和34（1959）年８月　撮影：髙井薫平

【モハ500形（501）】小松電気鉄道の前身、白山電気鉄道が開業時用意したのは、新潟鐵工所製の２軸単車３両で、北陸鉄道ではモハ501～503になった。このうちモハ503は加南線に転じて事業用になったのち、さらにボギー化されてEB221という電気機関車になり、加南線廃止後は浅野川線で国鉄貨車の授受に使用された。モハ501・502は小松線に残り予備車的存在であったが、廃車になるまで小松線の主として昭和40（1965）年まで在籍した。
◎小松　昭和37（1962）年　撮影：髙井薫平

【モハ500形（501）】
モハ501は形式もそのまま、小松駅の付随車入れ換えなどに使用されていた。
◎小松　昭和38（1963）年８月　撮影：風間克美

【サハ570形(571)】
加南線からやってきた元デハ15で、2・3等合造車だった。デハ15～17の3両が製造されたが、デハ16・17は昭和16(1941)年の山代車庫大火で焼失、火災を免れたデハ15はその後しばらく加南線で使用されたのち、トレーラーとして昭和32(1957)年に小松線に転籍した。
◎小松
昭和33(1958)年10月
撮影：髙井薫平

【サハ510形(511)】
見事なカメラアングルである。撮影者は多分検修庫の入口あたりにいる。右手は小松製作所の巨大な工場が隣接しているのだが、少し右手をカットするとローカル色豊かな光景が浮き上がってくる。写真のサハ511は現在の木次線の一部になった簸上鉄道の小型ボギー車で、オープンデッキは扉つきに改造、アーチバータイプの台車が特徴だった。
◎小松
昭和37(1962)年8月
撮影：風間克美

【サハ700形(701)】
金石電気鉄道の11号として昭和13(1938)年に誕生した軸距離の長い単台車を履いた半鋼製の電動車だった。利用者が増えてくると、乗車定員が少ない単車では運びきれないことも増えて電動車として残るのは不向きになり、昭和36(1961)年にはトレーラーになった。最後は小松線に移り、増結用として通勤時間帯のみの運用になっていた。
◎鵜川遊泉寺
昭和40(1965)年4月
撮影：田尻弘行

【モハ（サハ）1600形（1601）】もと浅野川電気鉄道のカ５で、昭和初期に日本車輌が各地の中小私鉄に売り込んだ３扉の半鋼製車の一つ。お隣の京福電気鉄道にも兄弟がいた。浅野川線、金石線と転籍を繰り返し、終焉の地は小松線だった。小松線ではサハになっていたが、改番もなく昭和46（1971）年10月に廃車になった。◎小松　昭和40（1965）年４月　撮影：田尻弘行

【モハ1800形（1814）】加南線が廃止されてからモハ1800の仲間は各線に散った。小松線に来たモハ1814。
◎小松付近　昭和42（1967）年２月　撮影：荻原二郎

モハ3000形(3001 ～ 3005)

昭和24 (1949) 年、金名線の電化に合わせて新造された車両で、登場当時はモハ1100形と名づけられた。この付番はスタイルを参考にしたと思われるモハ1001・1002を意識したようだが、すぐに3000形になっている。5両がつくられ、石川総線に集中投入された。北陸鉄道初の総括制御車だった。登場当初はポール集電だったが、その後、Zパンタグラフを整備した。せっかくの総括制御も同形式以外は付随車ばかりで、客車を牽引する姿が日常であった。その後金石線に転属し、金石線が廃止となったため最終的には小松線に集中配置された。台車は当初日鉄自製だったが、のちに日本車輌製のものに交換した。

【モハ3000形の揃い踏み(左からモハ3004、モハ3002、モハ3005)】同じモハ3000形だが、モハ3004とモハ3002では正面窓ガラスの固定方法に変化が見られる。左のモハ3004は未改造で原形に近い。
◎小松　昭和52(1977)年３月　撮影：高井薫平

【モハ3000形(3004)】比較的原形を保つモハ3004。扉が鋼製に変わり、窓枠もアルミサッシに変わっている。
◎小松　昭和48(1973)年６月　撮影：亀井秀夫

【モハ3000形(3005)】事故復旧車のモハ3005には北陸鉄道型の貫通幌枠が設けられたが、小松線では相手がいないので貫通扉は使用されることはなかった。
◎鵜川遊泉寺　昭和48(1973)年６月　撮影：亀井秀夫

【梯川を渡るモハ3005】
モハ3005は石川総線で使用中、昭和38（1963）年にモハ5101と衝突事故を起こし大破、北鉄工場において阪野工作所の出張工事でノシルノーヘッダーの見違えるスタイルに更新された。
◎鵜川遊泉寺～軽海
昭和48（1973）年６月
撮影：亀井秀夫

【鵜川遊泉寺駅停車中のモハ3005】
このアングルから見る鵜川游泉寺の駅は中間駅のようだ。事実鉄道はさらに白山方向に延びる計画があった。
◎鵜川遊泉寺
昭和46（1971）年３月
撮影：高橋慎一郎

【鵜川遊泉寺駅舎】
駅名だけ見るといろいろな妄想もふくらむが、一見何もない田舎の終着駅であった。昔鉱山で栄えたという面影はまったく見つけられなかった。
◎鵜川遊泉寺　昭和48（1973）年８月　撮影：安田就視

【小松駅舎】
国鉄北陸本線から小松線に乗り換えるには、地下の通路を通ってこの駅舎に入った。がらんとした、それでいて威厳のある建物だったが、人はおらず、電車に乗るにはここを出てホームまで歩いた。
◎小松　昭和37（1962）年８月　撮影：風間克美

石川総線

社内では石川総線よばれていたようだが、石川総線は石川・能美・金名線の総称と理解している。それぞれが別の会社で白菊町（その後、野町）〜加賀一の宮間が金沢電気鉄道石川線、新寺井〜鶴来間が能美電気鉄道、加賀一の宮から先が金名鉄道（ちなみに金名とは金沢・名古屋をさす）であったが、北陸鉄道にまとまったのち、石川総線とよぶことになったらしい。

石川総線は現在も野町〜鶴来間が健在で、元東急・京王の電車が走っているが、鶴来から先は打ち切られた。最近までその先の加賀一の宮まで走っていたが、鶴来から先は空気を運んでいた。加賀一の宮はかつて金名線の連絡駅だが、昭和４(1929)年に電化されてからは、金沢から電車は直通していた。僕が最初に加賀一の宮を通ったのは夜で、何も考えず、帰路も下車してみる気が起きなかった。当時はその程度のレベルの私鉄巡りである。あのとき下車して１列車遅らせていれば、あの暗い車庫の奥には何かいたはずだが、遠い昔のことだ。

石川線で金沢（白菊町）に向かう途中、かつて松金線と平面交差していた野々市には入れ換え用の電動貨車がいた。西金沢には当時車庫もあり、凸型電機が休んでいた。

能美線には新寺井から乗車した。このときもあたりはすっかり暗くなっていたが、乗ったのは確かモハ1500形を改造したモハ3710形だったと思う。途中、辰口温泉の駅は明かりがついて駅前は明るかったが、この日の宿は金名線の手取温泉に決めていた。手取温泉はやけに寂しいところで、下車したのは我々２人だけであり、宿の番頭が迎えに出ていた。現在は、温泉場としての機能は失われたようである。翌日は早い電車で白山下に向かった。その後も、鶴来に車両基地が移ってから何度となく訪問した。行くたびに車両はめまぐるしく変わっていった。加南線のモハ5001・5002が入ったときは車内のクロススシートがロングシートに変わり、特徴的だった横引きのカーテンは取り外されて普通の巻き上げ式ブラインドに変わっていった。

北陸鉄道は、昭和30年代以降に多くの車両を譲受した。遠州鉄道から来た車両は石川総線には入らなかったが、名鉄との関係が強まると名鉄の旧愛電（愛知電気鉄道、今の名鉄本線の名古屋以東を構成）系を中心に大挙してやってきて、車両の雰囲気が変わった。それでも、幌や前照灯のあしらい方に北陸鉄道らしさが感じられた。名鉄からの大量投入で石川総線の車両も安定し、当時噂された廃止の話も消えて、金沢市の通勤路線として歩み始めた。一方、能美線と金名線は、沿線人口の過疎化が進み、昭和45（1970）年から日中の運行をバス代行するようになり、両線とも昭和末期までに廃止された。とくに金名線は、通常の運行前点検で手取川橋梁が崩壊寸前であることがわかり、突然の運転休止、そのまま廃止という衝撃的な最期であった。しかし石川線は乗客を増やすために様々な工夫を施した。たとえば、かなり優遇性の高い株主優待制度を実行し、株主になって通勤にかかる支出が減ったとは現地代理店のオーナーの話だった。これら名鉄からやってきた車両は、平成に入って東急の7000系に置き換わるまで運行を続けた。7000系投入後も架線電圧は600Ｖのままである。

【本寺井駅で交換するモハ3711とモハ3771】
元名鉄車両同士のすれ違い。特徴ある幌枠が取り付けられ、Hゴム支持の正面スタイルは元名鉄を思い起こさせるものは見つけにくい。
◎本寺井
昭和43（1969）年１月
撮影：風間克美

【雪の中を行く加賀一の宮行きモハ3751】
昭和32(1957)年生まれの古強者だが、まだ北陸鉄道オリジナル車両の誇りが残るような活躍ぶりであった。
◎鶴来付近
昭和43(1968)年1月
撮影：風間克美

【雪の鶴来駅】
名鉄からやってきたモハ3771。元愛知電気鉄道のモ3304だが、Hゴム支持になった正面に北陸鉄道型幌枠をつけてすっかり雰囲気が違った。3700番台は名鉄型制御装置に乗せ換えた車両だ。
◎鶴来　昭和43(1968)年1月
撮影：風間克美

【モハ3730形(3731)】
昭和31(1956)年に日本車輛でつくったサハ1000形と名鉄の台車、電気品を組み合わせて生まれた車両。電動車化に合わせて貫通路が設けられた。
◎野々市
昭和48(1973)年6月
撮影：髙井薫平

【ED20形(ED201)改造前】
かつて石川線は蒸気機関車を持ち貨物輸送を行っていたので、蒸気機関車に代わって昭和13(1938)年に木南車輛製の凸型電気機関車を投入した。明らかに高野電気鉄道の主力だった独特のスタイルの凸型電気機関車だが、新造扱いだったようだ。その後自工場で大改造が行われ、現在も除雪用として残る奇跡の機関車。
◎新西金沢
昭和34(1959)年
撮影：羽片日出夫

【ED20形(ED201)改造後】
ED201は昭和37(1962)年ごろ大改造が行われ、台車の交換、電動機の出力向上のほか車体長も1.7mほど延び、正面4枚窓もHゴム支持の2枚窓に変わったが、どこかに昔の面影が残る。その後貨物輸送はなくなり、失職したが、現在も除雪専用として健在である。
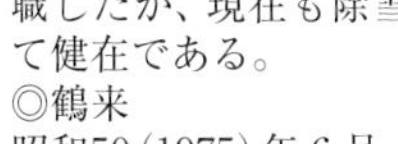
◎鶴来
昭和50(1975)年6月
撮影：矢崎康雄

【除雪専用になったＥＤ201】
貨物輸送のなくなった北陸鉄道の最長区間である石川線の除雪専用車両として残るＥＤ201は、すでに連結器もお役御免で大きなスノウプロウががっちりと取り付けられている。
◎鶴来
昭和46(1971)年3月
撮影：高橋慎一郎

【デ1】
昭和34(1959)年に初めて北陸鉄道石川総線を訪問したとき、鶴来駅で出会った。当時北陸鉄道のあちこちの駅にいた旧型単車の入れ換え用だと軽く考え、写真は1枚しか撮っていない。能美鉄道デ1～3の1両で、デ1だとしたら、昭和30年ごろ、モヤ541を名乗っていたはずだが、そのまま動いていたのだろう。のちにモヤ541を経て電気機関車EB121になった。遠く三山電気鉄道(山形交通三山線)に兄弟がいた。
◎鶴来　昭和34(1959)年8月
撮影：髙井薫平

【EB12形(EB122)】
元能美鉄道デ2で、モハ542を経て昭和34(1959)年に電気機関車に用途変更、その後、車体を鋼体化して少し電気機関車らしくなった。
◎新寺井　昭和37(1962)年5月
撮影：荻原二郎

【鋼体化したEB12(EB121)】
元能美電気鉄道デ1で、EB122と同様な経緯を経ている。鋼体化により客室窓を埋め、電気機関車然とした車両になった。◎新西金沢　昭和41(1966)年5月　撮影：清水 武

【鋼体化後のEB12形(EB122)】
初めて出会ったとき、ピカピカの鋼板張りの茶色の車体を持っていた。実はこのページ最上段のデ1の兄弟であることを知ったのは、かなり時が過ぎたあとである。
◎新西金沢　昭和34(1959)年8月　撮影：髙井薫平

【モヤ59】
元金沢電気軌道、金沢市内線の車両である。モハ2000の投入で木造単車は一掃されたが、この車は北鉄工場の事業用として残った。用途はまだ兼六園下にあった北鉄工場と西金沢検修区の間の連絡用だったという。西金沢から石川線を野町まで行き、市内線に乗り入れて兼六園下まで、連絡用だから連結器は不要だったのだろう。「連絡用」として専用の車両を用意していたのが、いかにも北陸鉄道らしいのだが。
◎新西金沢
昭和34(1959)年8月
撮影：髙井薫平

【EB11形(EB111)】
金石電気鉄道から引き継いだデハ2で、のちのモハ551を形式だけ電気機関車に改称した。昭和40(1965)年までこのまま入れ換え用に在籍した。
◎新西金沢
昭和34(1959)年8月
撮影：髙井薫平

【ED23形(ED231)】
元能美電気鉄道のデ8で、モハ631として金石線で使用されたが、車体はそのままで電気機関車に用途変更、EB131を名乗ったのち、昭和42(1967)年ボギー化されてED231になった。
◎新西金沢
昭和41(1966)年5月
撮影：田尻弘行

【ED251の引く列車】車両不足だったのか、車両整備の遅れか、貨物輸送の虎の子電気機関車ED251の引く列車があった。客車の１両目はモハ1500形がポールを下げて客車扱い、２両目はサハ600形のようだが、このサハ600は元名古屋市電の木造ボギー電車の車体を譲り受け、国鉄から払い下げを受けた雑型客車の３軸ボギー台車を２軸台車に改造（改造は名古屋にあった三山工業といわれる）した代物。北陸鉄道の各線に６両が在籍した。◎白菊町　昭和30（1955）年８月　撮影：齋藤 晃

【ED25形（ED251）】加南線から転じてきた元電動貨車というが、謎に満ちた車両。木造で電気機関車として、ダム建設資材輸送のほか、サハを牽引して活躍したが、この写真撮影後間もなく、ED311に生まれ変わった。
◎新西金沢　昭和34（1959）年８月　撮影：高井薫平

【ED31形(ED311)】沿線のダム関連の工事が進み、その輸送のため在来車(ED251)の改造で生まれたが、車体は時節に沿った東洋工機型で、正面扉も中央に移った。◎鶴来　昭和41(1966)年5月　撮影：清水 武

【ED31形(ED311)】元電動貨車で、その後ED251を名乗り、石川総線に移って昭和34(1959)年、東洋工機の出張工事で電気機関車に生まれ変わった。台車は電車用を履いている。
◎鶴来付近　昭和41(1966)年5月　撮影：清水 武

【ED30形（ED301）】
前歴の多い北陸鉄道の電気機関車の中で、唯一の新造電気機関車であり、昭和29（1954）年に登場した。時節柄国鉄キハユニ36450形の台車、主電動機を転用している。地方中小私鉄に多くの電気機関車を提供した日本鉄道自動車（のちの東洋工機）の作品で、仲間が各地で今も活躍する。面白いのは他社の同系機と違って、屋根下に雨樋が１周していることで、つけられた理由は不明。
◎白山下　昭和40（1965）年４月
撮影：田尻弘行

【ED30形（ED301）】
運転室を広げるためか、出入口の扉は左に寄っている。古いイギリス製の輸入機関車に見られ、ヨーロッパでよく見かけるが、わが国では例が少ない。
◎新西金沢
昭和48（1973）年６月
撮影：亀井秀夫

【スノウプロウをつけたED301】
貨物輸送もなくなり、もっぱら冬の除雪用になっていたころのED301。台車は主電動機とともに西武鉄道の701系のFS342にMT54を装備、電機機関車としては珍しいカルダン駆動だった。用途廃止後は保存車両として鳥取県の若狭鉄道に引き取られ、隼駅に保存されている。
◎鶴来
平成18（2006）年９月
撮影：田中信吾

モハ1500形

北陸鉄道統合後の形式で、石川鉄道のデホニ101～104という４両の半鋼製ボギー車の引き継ぎ車である。石川鉄道にはこの車の前に、マウンテンギブソンの台車を履いた単車や木造のボギー車も存在している。デニホ100形４両は、北陸鉄道になってから荷物室を撤去してモハ1500形になった。客用扉が車端にあり、狭い窓が15もずらりと並ぶ。昭和38(1963)年頃モハ1502・1504は制御装置を間接制御に改造、モハ1504は運転室を広げるため窓１つ分客用扉を中央寄りに移し、狭かった窓も広く新しいスタイルに一新し、車両形式もモハ3711・3712になった。残った150と1503はサハ1000に電気品を譲ってサハとして使用された。

【モハ1504＋サハ611】朝のラッシュアワーで、能登線から転属してきた木造客車サハ611を牽引している。モハ1504は運転室を広げるため窓１つ扉をずらしている。その後、台枠・屋根を流用して車体を新製し、のちにモハ3711としてその後も石川総線で使用された。◎押野付近　昭和34(1959)年８月　撮影：髙井薫平

【モハ1500形(1501)】
上のモハ1504が扉を窓１つ分ずらしているのに対し、このモハ1501の扉は車端によったままだ。当然乗務員室はお粗末で、狭く客室にはみ出している。
◎鶴来　昭和34(1959)年８月　撮影：髙井薫平

【モハ1500形(1504)】狭い窓が15個並ぶのは壮観。直接制御車なので、大きなマスコンが運転台の窓を通して見える。このモハ1504はのちに車体を更新し、総括制御のモハ3711になった。
◎新西金沢　昭和40(1965)年4月　撮影：高井薫平

【サハ1500形(1501)】モハ1501の電気品を供出して付随車になった、車両番号は変わらなかったが、台車は変わっている。
◎鶴来　昭和41(1966)年5月　撮影：清水 武

ことば解説　陸運統制令

昭和13(1938)年、戦争遂行のため、国家総動員法が公布され、政府が物的人的資源を統制できるようになった。これに基き各方面に様々な法律の制定や改訂がなされ、この一つが昭和15(1940)年に公布された陸運統制令で貨物輸送に対し鉄道大臣が運送、その他関連する命令が出せることになった。さらに昭和16(1941)年には大改正され、政府の命令で会社統合、買収なども可能になり、石川県ではの鉄道・バス事業を行う会社は尾小屋鉄道を除き、北陸鉄道に統合された。陸運統制令の廃止は終戦の2か月後、昭和20(1945)年10月である。

文・矢崎康雄

【モハ1500形（1503）】新寺井から鶴来に向かう電車の車窓から？　このあたり記憶が定かでない。
◎鶴来　昭和34（1959）年８月　撮影：髙井薫平

【サハ611を引く】モハ3000形ができたものの、総括制御できたのはモハ3000形５両だけで、時には能登線から来た木造客車を牽引した。前でカメラを構えるのは筆者。◎新西金沢　昭和34（1959）年８月　撮影：田尻弘行

【モハ3710形(3712)】モハ3711と同じくモハ1504を近代化した。総括制御が可能になり、名鉄からやってきた車両たちに交じって活躍した。貫通扉と幌枠が雨樋を超えて上部まで延びているのが特徴か。
◎鶴来　昭和40(1965)年4月　撮影：田尻弘行

【モハ3710形(3711)】北鉄工場でモハ1502の車体をつくり変え、名鉄から来たHL制御に交換した。台車は変更なく昔からのままである。◎鶴来　昭和40(1965)年4月　撮影：田尻弘行

【モハ3000形(3003)】モハ3000形5両は最初、石川総線に集中投入され、石川線最初の間接制御車になった。しかし、まだ制御車はなく電動車同士か、客車を改造したトレーラーを牽引した。
◎新西金沢　昭和34(1959)年8月　撮影：髙井薫平

【モハ3004とサハ1001の編成】モハ3004のせっかくの総括制御も宝の持ち腐れ。牽引されるサハ2002には立派な乗務員扉が設けられている不思議な編成だ。◎新西金沢付近　昭和34(1959)年8月　撮影：髙井薫平

【モハ3000形(3004)】モハ3000形は新製時、石川総線に集中投入されて、主力車両として活躍した。トレーラーの整備も進んでいたが、まだ取り扱い上の客車で、総括制御は宝の持ち腐れだった。◎新西金沢　昭和34(1959)年8月　撮影：髙井薫平

【野々市】松任から金沢市内を向かう松金電車鉄道は、野々市で石川鉄道と平面交差して、金沢市の野町を目指した。松金電車の野町は石川線の駅(当時は中間駅)である野町付近にあり、野町駅前駅とよばれていたという。石川鉄道と競合する野々市～野町間は昭和19(1944)年に廃止され、松金線の電車は野々市から石川線に乗り入れていれるようになった。国鉄北陸本線の増発などあって、昭和30(1955)年11月に松金線は廃止される。写真で右側から入り込んでくる路線が松金線の路線である。◎野々市　昭和38(1963)年7月　撮影：田辺多知夫

【モハ5100形（5102）】
加南線のモハ5000形に続いてつくられた石川総線用の新造車。この前につくられたモハ3000形と比べ、ひとまわり大きくなったが、使用線区に配慮して客用扉はステップつきになっている。
◎新西金沢
昭和34（1959）年８月
撮影：高井薫平

【モハ5100形（5101）】
貫通扉がつき、窓枠もアルミサッシに変わっているようだ。興味深いのは金属製と思われる客用扉で、ほかに例がないのではなかろうか。
◎鶴来
昭和40（1965）年４月
撮影：高井薫平

【モハ5100形（5101）】
加南線のモハ5000形とほぼ同時に石川総線に登場した車両で、３両製造された。加南線に比べ営業距離が格段に長い石川総線だが、車内はロングシート、乗降口もやや中央寄りであるが、このスタイルがその後の北陸鉄道の基本になった。写真は貫通幌枠取り付け後の姿。
◎白山下
昭和40（1965）年４月
撮影：田尻弘行

【モハ3760形（3761）】
名鉄から来た制御装置に取り替え、北陸鉄道としての標準化が進んだ。モハ5100形は形式変更してモハ3760形になった。
◎鶴来
昭和50（1975）年６月
撮影：矢崎康雄

【モハ3760形（3761）】
北陸鉄道得意の数回にわたる改造工事で、スタイルが少しずつ変貌している、一番の変化は２弾窓の上部がＨゴム支持に変わったこと。客用扉もスマートなものに変わっている。
◎白山下
昭和51（1976）年６月
撮影：矢崎康雄

【複線のように見える区間を行くモハ3731】
少し遅れて石川総線鶴来駅に乗り入れが達成した能美線は、しばらく白山下方向から、あたかも複線のように寄り添って走った。
◎本鶴来
昭和40（1965）年８月
撮影：髙井薫平

【モハ3750形(3751)】
車体の貫通工事は片側だけ行われていたようで、パンタ側は非貫通のままであった。しかし5000形の特徴だった窓の上部の緩やかなカーブや、窓２つずつが一体となった細かなデザインは残されていた。
◎鶴来
昭和42(1967)年８月
撮影：矢崎康雄

【石川総線に移ったモハ3751】
昭和39(1964)年10月、加南線から石川総線に移ったモハ5001は、１年ほど同車号のまま使用された。その後、制御器をほかの車両に合わせて交換、貫通扉も設けられ、モハ3751・3752になった。加南線時代のクロスシートは転属と同時にロングシート化されたという。
◎白山下
昭和57(1982)年５月
撮影：清水 武

【モハ3750形(モハ3752)】
かつて山中温泉へ関西からの温泉客を運んだモハ5000形は石川線に移り、制御器を変えてモハ3750形を名乗った。
◎鶴来
昭和50(1975)年12月
撮影：隅田 衷

【白山下へ向かうモハ5101】遅い春を感じる季節である。◎白山下付近　昭和38（1963）年４月　撮影：髙井薫平

5101

北陸鉄道独特の車両改善

北陸鉄道の車両増強方式は独特であった。車両不足のときに国鉄から払い下げを受けた電動車はそのまま使用していたが、並行して付随車を日本車輌に発注している。このサハ1000形はモハ5100形を近代化したような車両で、乗務員扉もついていた。これらの車両は、その後しばらくして廃車になった買収国電のなどの電機品を使って電動車になった。同じことが能登線キハ5300形にもいえ、やはり最初はトレーラーとして生まれ、その後エンジンを搭載して動力化している。これは北陸鉄道の技術力の高さを示すものだった。

【サハ2000形(2001)】
木造客車サハ611をもとにして、日本鉄道自動車の出張工事で生まれた半鋼製付随車。モハ5100形を手本にしたようなスタイルで、雨樋が巻かれている。車端に乗務員扉が4箇所設けられ、最初から列車の先頭に立つ前提である。この年には制御車クハ1711になった。
◎鶴来　昭和40(1965)年4月
撮影：髙井薫平

【サハ2002とモハ5002の並び】
サハ2002と加南線からやってきたモハ5002の並び。モハ5002もその後、制御器を変えてモハ3752になり、更新を重ねて新型車に置き換わるまで石川線で使用された。サハ2002は元能登線の木造客車サハ612を自社工場で半鋼製車に更新した車両。最初から乗務員扉が設けられていて、のちにクハ1712になった。
◎鶴来　昭和40(1965)年4月
撮影：田尻弘行

【クハ1710形(1712)】
サハ2002を昭和40(1965)年に制御車に改造した。客用扉の窓が異常に小ぶりなのが面白い。
◎鶴来
昭和38(1963)年5月
撮影：高井薫平

【クハ1710形(1712)】
サハ2002時代、乗務員用扉は四隅に設けられたが、制御車化されたとき、運転台は一方にしか設けなかったので、外観的に面白い車両になった。
◎野町
昭和45(1970)年7月
撮影：山田 亮

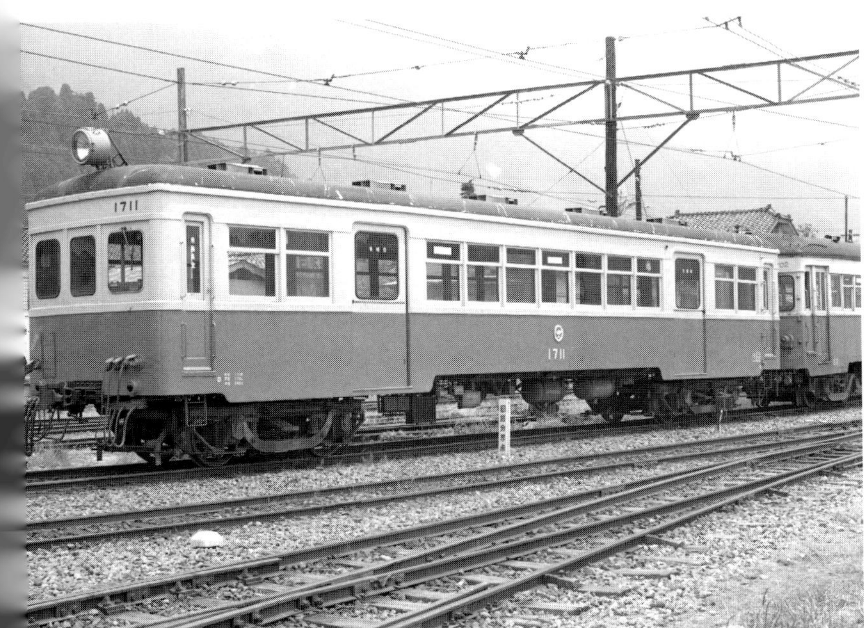

【クハ1710形(1711)】
サハ2001からの改造車。やはり運転台は片側だけにつけられた。
◎鶴来
昭和48(1973)年6月
撮影：亀井秀夫

【鶴来駅風景】右駅舎寄りからモハ5102、モハ3751（元モハ5000形）、モハ3711（元モハ1500形）、モハ3702（元名鉄のモ700形）が並ぶ。◎鶴来　昭和41（1966）年５月　撮影：清水 武

【モハ3730形（3731）】昭和31（1956）年に日本車輛で新造したサハ1001・1002を昭和41（1966）年に電動車化したもので、北陸鉄道スタイルの見本のような車両だ。◎鶴来　昭和50（1975）年12月　撮影：隅田 衷

買収国電

北陸３県にあった買収国電区間は元富岩鉄道、富山地方鉄道富岩線から引き継いだ富山港線が唯一であるが、600Ｖのひ弱な路線であった。現在の富山ライトレイルである。しかし戦時中にこの線の沿線には立山重工など工場が多くつくられ、輸送力増強のため昭和18（1943）年６月に国有化され、いわゆる社形国電の天国になった。貨物輸送は蒸気機関車に切り替えられていたが、電車は各地の買収国電が顔をそろえた。昭和42（1967）年に1500Ｖに昇圧され73系電車が走るようになり、集まった買収国電たちは新天地に散った。北陸鉄道では旧伊那電気鉄道のちょっと古風なダブルルーフの電車を６両購入し、石川総線、浅野川線、金石線に投入した。車体が老朽化すると、電気品、台車などは車体新造の付随車の電動車化に用いられた。

【金名線を行くモハ3152】JR東海、飯田線の前身である元伊那電気鉄道からの買収国電。昭和初期の生まれだが、先輩の木造車に準じたダブルルーフ半鋼製で製造された。国有後、富山港線に転じていたものを、４両払い下げを受けた。モハ3101・3102が浅野川線、モハ3103・3104が石川総線に配属された。その後、機器が新しい車体を持つ付随車の電装用に利用された。
◎手取温泉付近？　昭和40（1965）年８月　撮影：髙井薫平

【クハ1150形（1151）】
モハ3102を昭和42（1967）年ごろクハ化した車両で、台車はTR14系に変わっている。
◎新西金沢
昭和41（1966）年５月
撮影：清水 武

【モハ3100形(3104)】西金沢検車区で塗装工事中のモハ3104。◎新西金沢　昭和34(1959)年8月　撮影：高井薫平

【モハ3100形(3103)】集電装置がポールからパンタやZパンタに切り替わるころ。
◎新西金沢　昭和40(1965)年8月　撮影：高井薫平

【モハ3150形(3151)】サハ1001を引くモハ3151。サハ1001はその後、モハ3151の電装品を流用し、モハ3731に生まれ変わる。◎手取温泉付近　昭和40(1965)年８月　撮影：高井薫平

【モハ3150形(3152)】現在JR飯田線の一部になった伊那電気鉄道のデハ122が前身である。リベットだらけ、ダブルルーフの古典的半鋼製のスタイルだが、昭和２(1927)年汽車会社の生まれ、新機軸の電車が生まれ始めた時期で、最後の大正時代の面影を残す電車であった。◎鶴来　昭和41(1966)年10月　撮影：日暮昭彦

【モハ3700形(3704)】窓や前頭部は改造されているが、オーバーハングの大きい台車位置など名鉄時代をほうふつとさせる。なお、入線に際して名鉄で乗務員扉、貫通路の設置工事が行われた。
◎鶴来　昭和40(1965)年４月　撮影：田尻弘行

【手取川を渡るモハ3701】
能美線を行く元名鉄モ700形。能美線は昭和55(1980)年9月に廃止されるが、車両は石川線と共通であった。
◎新鶴来～鶴来　昭和50(1975)年6月
撮影：矢崎康雄

名古屋鉄道との関係

昭和37(1962)年、北陸鉄道は名古屋鉄道グループ入りする。これは運輸省の指示があったと伝えられているが、鉄道趣味的には名鉄の旧型車モ700・900・3300形などが大挙して北陸入りして、制御装置の統一化なども行って老朽化した車両を駆逐していった。石川総線では集中的に名鉄の電車が走るようになるが、貫通路、前照灯など北陸鉄道らしい改造工事が行われている。

【モハ3700形(3704)】
元名鉄モ700形には両端に貫通路と幌枠が設けられた。
◎鶴来　昭和40(1965)年8月　撮影：田尻弘行

【モハ3700形(モハ3702)】
尾灯の灯具は名鉄時代のもののようだが、前照灯はシールドビーム2灯に変わり、貫通扉やHゴムを使った前面などスタイルはすっかり変わった。
◎鶴来　昭和50(1975)年6月　撮影：矢崎康雄

【手取川を渡るモハ3701】モハ3701は元名鉄モ700形で、4両が北陸鉄道入りした。石川総線にとっては久々の3扉車だったが、石川総線の制御器統一の先駆けになった。◎新鶴来～鶴来　昭和40（1965）年4月　撮影：髙井薫平

【モハ3770形（3772）】入線後、北陸鉄道方式で機器の入れ換え、交換は盛んだったようで、この車の台車も日車D型からモハ3100形が履いていたKS30L型に変わっている。◎鶴来　昭和50（1975）年6月　撮影：矢崎康雄

【クハ1720形(1722)】元名鉄ク2340形が前身。編成の電動車はかつて加南線で一世を風靡したモハ5000形の制御器を変更したモハ3751である。◎鶴来　昭和43(1968)年1月　撮影：風間克美

【クハ1720形(1721)】元名鉄モ3350形、ク2340形で、この車の導入で石川線の車両長が1mほど延びることになった。Hゴムや幌枠は北陸鉄道オリジナルだ。◎鶴来　昭和47(1972)年7月　撮影：亀井秀夫

金石線

金沢駅の駅裏にある中橋から金沢港近くの大野港に向かっていた全長7.2㎞の路線であった。線路は金沢から大野港に通じる広い県道に沿って敷かれており、集電はポールだった。起点である中橋には車庫もあり、種々雑多な車両がひしめいていた。車庫線の１本が先に延びていて、国鉄の金沢駅の構内に続いていた。昭和38（1963）年に国鉄北陸本線は交流電化されたので、国鉄線構内まで延びていた金石線の電化設備は撤去され、貨車移動機のようなDLに変わったが僕は見ていない。

少し大野港方向に歩いたところで撮っていたら、電車が通過したすぐあとから、小さな凸電がやって来たので驚いた。貨物列車は続行運転だったのだ。単機のＥB30 1を見送ってから、この鉄道に信号機がなかったのに気がつく。この金石線は軌道法による市内電車並みだったのに気がついたのはかなり経ってからである。　電車はいろいろなのもがいて、トレーラーもたくさんいたが、いつも急ぎ旅で彼らが走っているのは見ないで終わった。かなり経ってから、中橋で能登線にいたDLを見たが、国鉄線とのやりとり用だったのかよくわからない。

金石線は、平行道路と競合するようになり、昭和46（1971）年に廃止となった。廃止まで活躍した3000形は、５両は小松線へ転属した。大正14（1925）年８月に馬車鉄道を電化して生まれた金石電気鉄道は、京都市電のＮ電から譲り受けた電車３両で電車運転を開始したが、そのほかの車両も寄せ集めで、中には所在不明のまま抹消された「６」のようなケースもあった。その後もこの路線で使用された車両はみな興味深いものだったが、車両不足に苦労したようで、のちに金沢市内線で活躍する武蔵中央電鉄のボギー車も一時期使用された。

【モハ3300形（3301）】昭和33（1958）年に金石線に投入されたバリバリの新造車。新型台車を履き、d2D5Ｄ2dの窓配置のノーシルノーヘッダー、張り上げ屋根のスマートな車体で、集電装置はポールというのが面白い。写真の反対の妻面には貫通扉がついていた。金石線廃止まで金石線で過ごし、その後浅野川線に転じて昇圧まで残った北陸鉄道タイプ最後の車両になった。◎中橋　昭和34（1959）年８月　撮影：髙井薫平

【モハ3010形(3011)】モハ3301とほぼ同時期の昭和33(1958)年、石川線に投入された車両で、貫通扉がある以外3301によく似ている。浅野川線を経て、さらに金石線に転じた。最初からパンタグラフがつき、貫通扉つきであった。純然たる新車ではなく、一部電気品など在来車から転用した。◎寺中　昭和45(1970)年12月　撮影：風間克美

【モハ3010形(3011)】
上のモハ3301と同じ場所で撮影。中橋駅の様子は10年経っても変わってない。
◎中橋
昭和45(1970)年12月
撮影：風間克美

【中橋駅に停車中のモハ1201とモハ1301】60年以上前、金石線の起点、中橋駅。島式のホームには個性的な小さなボギー車が停車していた。◎中橋　昭和34(1959)年８月　撮影：上野 巖

1301

モハ1000・3000・5100形の話

戦争で疲弊した各線へ戦後に投入された新造車は、線区（用途）に合わせて全長11m、15m、17mと大きさが異なる。モハ1000形（元デホ1000形）は２両、昭和22年９月に松金線に入ったが、当時、日本鉄道自動車から一時借り入れの形をとっていた車両で、その後小松線に移動した。このモハ1000形の影響を受けたと思われるのがモハ3000形で、新造時モハ1100形といい、モハ1000形を意識したような形式だったが、すぐにモハ3000形になった。最初、石川総線に入ったが、石川線ではやや小型すぎたようで、ひとまわり大きなモハ5100形３両と交代して金石線に移動、さらに小松線に移って廃線まで使用された。これらの車両の流れは、加南線に昭和26（1951）年に登場したモハ5001・5002やモハ3201、クハ1001とともに、その後の北陸鉄道スタイルの基礎を確立したといってよいだろう。

【モハ3000形（3001）】
金石線は軌道法に準拠する路面電車なので、連結器の下に救助柵を取り付けていた。
◎中橋　昭和34（1959）年８月
撮影：髙井薫平

【モハ3000形（3004）】
金石線の終点大野港は、かつて北前船も寄港した金沢の海の玄関口であり、今も観光施設は多い。鉄道による貨物輸送が盛んだったころ、貨車の出入りも多かった。
◎大野港　昭和41（1966）年10月
撮影：日暮昭彦

【モハ5100形(5101)】石川線用につくられたモハ5100形だが、一時期金石線に応援でやってきていた。救助柵は設置されていない。◎中橋　昭和40(1965)年８月　撮影：髙井薫平

【クハ1100形(1101)】元石川鉄道からの引き継いだ車両で、鋼体化改造でモハ3051になった。その後、制御車に改造され金石線に移った。車体新造の北陸タイプであるが、１段窓を採用していたので異彩を放っていた。
◎中橋　昭和41(1966)年10月　撮影：日暮昭彦

【モハ1200形(1201)】元能美電気鉄道が昭和12(1937)年に新造した能美初のボギー車である。今はなき木南車輌の製造で、木南と関係の深かった南海電気鉄道の台車や機器が活用されている。国体輸送終了後能美線を去り、金石線に転じた。
◎中橋　昭和40(1965)年4月　撮影：髙井薫平

【モハ1301が貨車を引く】
大野港までの貨車の出入りは多かった。電気機関車も存在したが、電車が貨車を引く光景は結構あった。
◎金石　昭和39（1964）年12月
撮影：風間克美

【畝田駅に到着するモハ3002】金石線は金沢市内から大野港に向かう県道に沿って敷かれていた。畝田は数少ない交換可能駅で今、金沢中橋行きのモハ3002が到着する。◎畝田　昭和41（1966）年10月　撮影：日暮昭彦

【モハ1300形（1301）】金石線の集電装置はポールを用いていたが、その後架線を改修してＺパンタに切り替わった。
◎金石　昭和39（1964）年12月　撮影：風間克美

【モハ1300形（1301）】この時期の電車としては珍しく車体の四隅に独立した乗務員扉を持っている。異様に広い幕板はかつて優雅な明かり窓があった名残である。◎中橋　昭和39（1964）年８月　撮影：髙井薫平

【モハ850形（851）中橋寄り前面）】国鉄飯田線の一部を担った伊那電気鉄道からの買収国電。金石線のほか隣の浅野川線でも使用した。モハ851とモハ852では些細な寸法の違いが見られた。集電装置はパンタグラフからＹゲル、Ｚパンタグラフと変わったが、台車、電気品をモハ3551やＥＤ20 1に譲って消滅した。◎中橋　昭和34（1959）年８月　撮影：髙井薫平

【モハ850形（851）大野港寄り前面）】中橋駅で客扱い中のモハ851。こちらの側には貫通扉がついている。
◎中橋　昭和34（1959）年８月　撮影：髙井薫平

【モハ1600形（1601）】浅野川線からやってきた。モハ3000形の投入で、昭和39（1964）年に電装解除して小松線に移った。◎長田町　昭和38（1963）年５月　撮影：田尻弘行

【モハ1600形（1601）】楕円形の戸袋窓、ずらりと２列に並んだお椀型ベンチレーター、無造作に結ばれたポールの引綱、これぞ昭和の初めの日本の電車だと僕は思う。左奥にいるのは国鉄金沢駅構内との間の貨車授受に使用していたDL21形貨車移動機である。◎中橋　昭和34（1959）年８月　撮影：高井薫平

【モハ3350形(3351)】
遠州鉄道の私鉄規格車両Cに該当したモハ13を昭和37(1962)年譲り受けたもので、同時にクハ52・53も購入した。北陸鉄道では珍しい3扉車だった。北陸鉄道ではとりあえずポールをつけて金石線に入ったが、その後浅野川線に転出した。
◎中橋～長田町
昭和34(1959)年8月
撮影：髙井薫平

【モハ610形(611)】
金石電気鉄道生え抜きの半鋼製単車で、電気機関車に改造される仲間が多い中、最後まで乗客用車両として生涯を終えた車両。電動車として長く金石線に在籍したのち、電装解除後はサハ701として小松線に転じた。
◎中橋
昭和34(1959)年8月
撮影：髙井薫平

【モハ810形(811)】
元池上電気鉄道の車で、流転ののち、金石線に落ち着いた。前照灯が半分埋め込まれたように取り付けられているのが面白かった。当時の金石線の車両としてはやや小型だったのか、予備的存在で昭和40(1965)年に廃車になった。
◎中橋
昭和34(1959)年8月
撮影：髙井薫平

【サハ220形（221）】
浅野川電気鉄道が創業時に製造した２軸付随車で、同時につくられた３両の電動車とよく似た車両だった。
◎中橋　昭和34（1959）年８月
撮影：髙井薫平

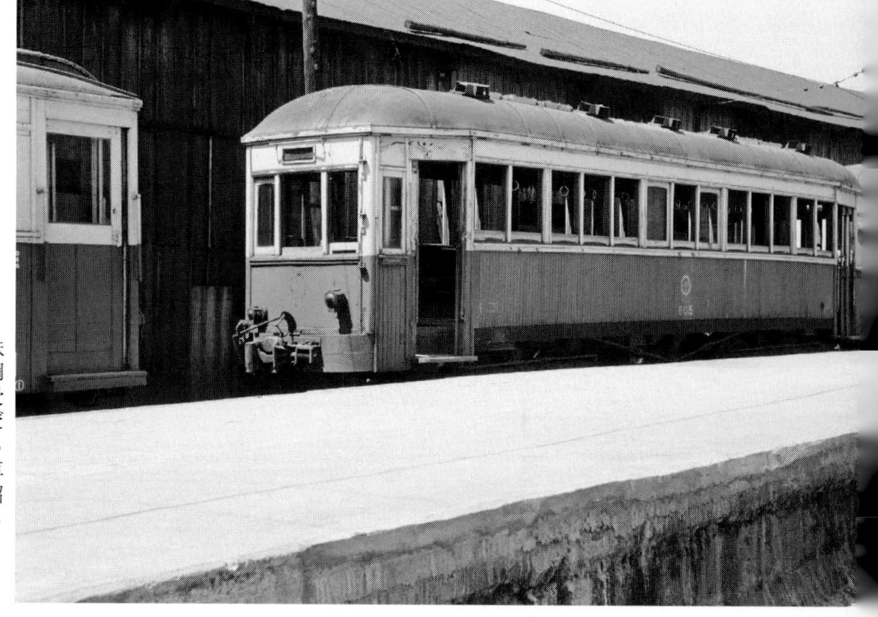

【サハ600形（605）】
車両不足に苦しんでいた石川鉄道が、名古屋市で木造市電の鋼体化で余った木造車体を譲り受けて客車として使用した。ただ台車は新しい鋼体化車両に使ったので、鉄道省の古い木造客車の台車を改造して使用した。昭和30（1955）年ごろ金石線にやってきた。
◎中橋　昭和34（1959）年８月
撮影：髙井薫平

【サハ520形（521）】
国有化された元簸上鉄道の客車だった。特殊なアーチバータイプのボギー台車が特徴だったが、車体を含め、どんな原形だったかは高度な車両研究に譲りたい。
◎中橋　昭和34（1959）年８月
撮影：髙井薫平

【サハ550形(552)】
サハ521と同じ元籔上鉄道の客車だった。
◎中橋　昭和34(1959)年8月
撮影：髙井薫平

【サハ550形(551)】
JR木次線の前身ともいえる木次線に引き継がれた簸上鉄道は独特の小型ボギー客車を多数保有していたが、国有化後7両が北陸鉄道の前身である金石鉄道、金名鉄道、温泉電軌に払い下げられている。このサハ551、2は戦後金名線電化に伴い金石線にやってきた。
◎大野港
昭和38(1963)年7月
撮影：田辺多知夫

【サハ530形(531)】
大正4(1915)年梅鉢鉄工所製の不思議なボギー客車。軽便鉄道並みの小ぶりな車体に台車はアーチバータイプ。特異なのは客用扉の数が左右で2か所、3か所と違っていた。金石線は道路の横を走り、ホームはほとんどが片側だったので理にかなった設計だったのかもしれないが。
◎中橋　昭和30(1955)年頃
中西進一郎

【EB30形(EB30 1)】
九州の若松市営軌道からやってきたと伝えられる小さな凸形電気機関車。ただ若松市営時代と台車などが変わっており、仲介した日本鉄道自動車(のちの東洋工機)でかなり手を加えられたと思われる。外観はEDタイプだが、動輪は２軸(１台車１電動機)のEBで非力だったようで、結構多かった貨物輸送には電車も駆り出された。
◎北町
昭和38(1963)年５月
撮影：高井薫平

【EB30形(EB30 1)】
どう見ても小型B-B電気機関車だが、若松市電時代から小さなブリルの台車には昔からモーターは１つしかないため、形式はEB30。
◎中橋
昭和34(1959)年８月
撮影：高井薫平

【EB30形(EB30 1)】金石線は軌道法準拠なので、鉄道信号によらず、貨物列車は旅客電車の続行運転の形で運転されていた。
◎寺中　昭和39(1964)年　撮影：風間克美

【EB30形（EB30 1）】
1本ポールがトレードマークだったEB30 1だったが、晩年はZパンタに変わっていた。
◎中橋
昭和39（1964）年12月
撮影：風間克美

【DC30形（DC30 2）】
本来能登線の機関車だったが、能登線の貨物輸送がなくなって失職したので金石線にやってきた。金石線での仕事は交流電化された国鉄金沢駅構内までの貨車の授受であったが、先輩には貨車移動機がいた。
◎中橋
昭和40（1965）年5月
撮影：高井薫平

【DC30形（DC30 2）】
金石線廃止後、関東鉄道が引き取る話が進んでいたが立ち消えになったようだ。
◎中橋
昭和40（1965）年5月
撮影：田尻弘行

【モハ540形(543)】
元能美電鉄デ１～３で、北陸鉄道ではモハ541～543になった。単車では輸送力が不足するようになり、主要駅(新寺井、白菊町、金石)の入れ換え用になっていたが、その後鋼体化してＥD12という電気機関車に変身した。３両とも駅構内の入れ換え用になり、その後電気機関車「EB12形」を名乗り、新寺井、白菊町、金石駅に配属された。
◎金石　昭和37(1962)年５月
撮影：荻原二郎

【EB12形(EB12 3)】
金石線の常駐になったＥD12 3だが、EB30 1に代わって本線に出ることもあったようだ。
◎金石　昭和39(1964)年12月
撮影：風間克美

【EB12形(EB12 3)】
木造単車の電車改造の電気機関車。この種の電気機関車は北陸鉄道独自の発想で生まれ、貨物輸送がなくなるまで各線で見ることができた。
◎大野港　昭和39(1959)年４月
撮影：田尻弘行

【ED21形(ED21 1)】
EB12 3はその後ブリルの台車に変えてボギー化し、主電動機も４個になり、ＥD21 1に出世した。ただ車体はすでに鋼体化されていたEB12 3のものを使用したようだ。
◎金石　昭和40(1965)年４月
撮影：髙井薫平

浅野川線

浅野川線の前身は浅野川電気鉄道という別の会社で、国の指導による陸運統制令でも元浅野川電気鉄道は簡単に統合が進まず、結局合併したのは戦後、昭和20（1945）年10月１日のことであった。浅野川電気鉄道を立ち上げた石川県の財閥の一人平沢嘉太郎はユニークな人物で、終点に阪急小林一三の宝塚歌劇団を模した歌劇団や遊園地を作った異色の経営者であった。しかし、これらは戦時中に軍に接収されて復活することはなかった。

金沢側の起点北鉄金沢は国鉄駅を出て少し左手に歩いたところにあり、駅構内に入るといろいろな車両がひしめき合っていた。構内の線路は国鉄線に通じており、構内には何に使うのかポールをつけた単車が留置されていた。北鉄金沢を出てしばらく走り、北陸本線をくぐった先の七ツ屋にも簡単な車庫があった。路線は単線で右手に浅野川を見ながら内灘に至る。途中行き違いのできる駅は割出、釣橋（現三ツ屋）、蚊爪といくつかあったが、現在はあとからできた三ツ屋駅１か所になった。また粟ヶ崎遊園前（現内灘）から先の粟ヶ崎海岸まで1.3㎞の区間は、昭和49（1974）年７月に約２年の休止期間を経て廃止される。

今はJR金沢駅から広い地下のコンコースを歩くと浅野川線の乗り場がある。ホームは２面で、明かりを消した１編成が停車しているのもどこか昔と似て、かつての北鉄金沢をほうふつさせるたたずまいである。

【モハ3010形（3011）】地上駅だった頃の北鉄金沢。モハ3011を先頭に珍しい３両編成がお客を待っている。
◎北鉄金沢　昭和48（1973）年６月　撮影：髙井薫平

【モハ570形（571～573）】
金沢駅に近い浅野川線の北鉄金沢駅に行ってみると、改札口から向かって右手が浅野川線の線路で、左手は国鉄線に通じており、モハ571という単車が停まっていた。浅野川電気鉄道のデハ11～13で、その前はカ11～13であった。浅野川線にはその後ボギー車が増備されていったが、僕たちの目に入ったのは入れ換えに働くモハ571～573だった。利用客の増加で、単車の電動車はすべてボギー車に置き換わったが、2両の付随車は増結用として残り、モハ851などのお供を務めた。
◎七ツ屋
昭和34（1959）年8月
撮影：高井薫平

【サハ220形（221）】
モハ573（浅野川電気鉄道カ3）とともにつくられた電動車によく似た木造2軸車。2両つくられた。
◎内灘　昭和37（1962）年5月
撮影：荻原二郎

【モハ570形（573）】
他の形式は入れ換え用に転じた後、「モヤ」とか「EB」と形式変更していたが、モハ573はなぜか「モハ」のままだった。
◎北鉄金沢
昭和40（1965）年4月
撮影：今井啓輔

【モハ570形(573)】
編成の組み換えが盛んだった北陸鉄道の各線では、入れ換え用に配備された古い2軸単車の活躍が目立った。遠州鉄道から来たクハ1602を入れ換え中のモハ573。
◎七ツ屋
昭和40(1965)年4月
撮影：今井啓輔

【旧塗装時代のモハ572】
一番状態の悪かった時代のモハ572で前照灯もない。
◎北鉄金沢
昭和34(1959)年8月
撮影：髙井薫平

ことば解説 粟崎遊園と涛々園

アサデンと呼ばれて親しまれている浅野川線、前身である浅野川電気鉄道は材木商で多額納税者だった平澤嘉太郎が私財を投じて建設した。彼は今の阪急電鉄の創業者であった小林一三のディベロパーとしての手法を見習っており、その一つが鳥取砂丘に次ぐ砂丘がある粟崎海岸近くの開発で、粟崎遊園を作った。粟崎遊園は大正14(1925)年に開園、劇場、食堂、ホール、動物園、浴場、海水浴場などの施設に加え、宝塚歌劇団にならい粟崎少女歌劇団まで創設した。しかし1941年(昭和16年)に軍に接収され閉園。戦後は建物が解体されていたため再開されることはなかった。本館正面にあったアーチ型のゲートだけが『歴史民俗資料館 風と砂の館』の横に移築され今でも見ることができる。

これに対抗して金石電気鉄道が松林の中に開設した遊戯施設が涛々園で粟崎遊園と同じ年に開園している。浴場、余興場、旅館などがあり、全国中等学校野球大会も開催された。施設は徐々に増やされたが粟ヶ崎に比べると規模は小さかった。こちらは終点大野港の一つ手前の松原(のちの三善製紙前)から涛々園までわずか400mだったが支線がひかれ、昭和6(1931)年に開業した。しかし昭和13(1938)年には休止、昭和22(1947)年には廃止になった。涛々園は昭和27(1952)年にお別れ入園が行われたことが新聞に報ぜられている。

文・矢崎康雄

【北陸本線をくぐる】浅野川線は北鉄金沢を出ると国鉄北陸本線から一旦離れたあと、一気に北陸本線の下を潜り抜ける。抜けたところが七ツ屋駅で、ここに小規模な保守基地があった。顔を出したのはモハ3101で、上を北陸本線の貨物列車が通過中。
◎七ツ屋　昭和34(1959)年８月　撮影：髙井薫平

【モハ3100形(3101)】手前の幌枠は北陸鉄道入りしてから設置された。昭和43(1968)年ごろ、日本海に漁礁として沈められた。
◎北鉄金沢　昭和40(1965)年８月　撮影：髙井薫平

【モハ3100形(3102)】
元伊那電気鉄道デハ120形。半鋼製ダブルルーフの車両で、のちに制御車(クハ1151)になって石川線に戻った。
◎七ツ屋
昭和40(1965)年8月
撮影：髙井薫平

【粟ヶ崎海岸からの勾配を上るモハ3101】
粟ヶ崎海岸駅は、現在の内灘から砂丘を降りたところにあった。
◎粟ヶ崎海岸
昭和32(1957)年6月
撮影：J. Wally Higgins(NRA)

【モハ3550形(3551)】
昭和32・33年に新しい北鉄タイプのスタイルが確立し、これまで中古車が多かった浅野川線や金石線に新車が若干両数ずつ投入された。
◎内灘　昭和40(1965)年8月
撮影：髙井薫平

【モハ5100形(5101)】
モハ5101は側窓がユニットサッシに交換されている。
◎大河端～北間
昭和48(1973)年6月
撮影：亀井秀夫

【クハ1000形(1001)】
元加南線にいた車両だが、加南線廃止とともにモハ3201とともに浅野川線にやってきた。
◎北鉄金沢
昭和40(1965)年8月
撮影：髙井薫平

【モハ5100形(5101)】
本来石川総線に集中投入されたモハ5100形3両だったが、昭和38(1963)年に衝突事故で大破し、貫通式に改造されていた。その後1両だけ浅野川線に移り、石川総線に残った2両は機器統一でモハ3761・3762になったが、浅野川線に移っていたモハ5101は改造されず、モハ5101のまま使用された。
◎北鉄金沢
昭和40(1965)年8月
撮影：髙井薫平

【モハ1600形(1601)】
元浅野川電気鉄道のデハ2で、日車が生んだ「北陸の電車」だ。丸戸袋窓を優雅な楕円形にしたのが特徴。まだポールをつけている。
◎七ツ屋
昭和34(1959)年8月
撮影：高井薫平

【モハ1810形(1813)】
元温泉電軌の車だが、加南線廃止後は各線に散った。当時浅野川線でも総括制御車が主流であり、直接制御車のこの車は出番が少なく、のちに小松線に移った。
◎北鉄金沢
昭和34(1959)年8月
撮影：高井薫平

【モハ3560形(3563)】
加南線の前身である温泉電軌デハ21・24形がルーツである。山代車庫の大火の影響でその歴史は複雑だが、加南線廃止とともに金沢地区に移動、在来車に交じって活躍した。加南線にいたときは小ぶりに見えた電車だったが、転出先では貴重な存在であった。
◎七ツ屋
昭和48(1973)年6月
撮影：髙井薫平

【モハ3560形(3563)】
温泉電軌をルーツとし、加南線廃止に伴い、金沢地区に移動して金石線・石川総線で使用されたのち、浅野川線にやってきた。石川総線時代に名鉄から来た電気品に交換、他車との連結も可能になった。浅野川線では予備的存在だったが、晩年スノープラウを取り付けた冬季除雪用として、1500V昇圧のころまで在籍した。
◎内灘
昭和41(1966)年10月
撮影：日暮昭彦

【橋を渡るモハ3563】
大野川の鉄橋を渡る。これが日本海に注ぎ込む付近に金沢港があり、その近くに金石線の大野港駅があった。案外浅野川線と金石線は近くを走っていた。
◎粟ヶ崎～蚊爪　昭和40(1965)年3月　撮影：今井啓輔

【モハ3563のスノープラウ】
石川線では電気機関車ED20 1とED30 1が冬季は除雪車として使用されたが、浅野川線ではモハ3563が除雪車として使用された。
◎内灘　昭和40(1965)年8月
撮影：髙井薫平

【モハ3570形(3571)】
遠州鉄道西鹿島線からやってきたMT編成。北陸鉄道では珍しい３扉車で、ラッシュに威力を発揮した。
◎粟ヶ崎
昭和39(1964)年12月
撮影：風間克美

【クハ1601+モハ3571】
北陸鉄道では珍しい元遠州鉄道出身の車両同士の編成。客用扉の十字の窓桟はこの車が誕生したときのもの。
◎粟ヶ崎
昭和39(1964)年12月
撮影：風間克美

【サハ1600形(1601)】
いつも相手は同期とは限らず、今日の相方は生え抜きのモハ3551だ。
◎七ツ屋
昭和40(1965)年８月
撮影：髙井薫平

【クハ1651+モハ3102】
国鉄キハ04で、正面窓を３枚にして乗務員室扉も新設、すっかり電車らしくなったが、決まった相方はなく、今日は元伊那電鉄の買収国電、モハ3102だ。
◎七ツ屋
昭和39（1964）年12月
撮影：風間克美

【クハ1650形（1652）連結面】
元キハ04形だが、片運転台式に改造、貫通幌枠を設けた。
◎北鉄金沢
昭和48（1973）年６月
撮影：髙井薫平

【クハ1200形（1202）】
元温泉電軌加南線のモハ1820形で昭和40（1965）年に浅野川線に移動し、制御車として使用された。もともと大ぶりの車だったので、都会の電車として十分対応できた。正面窓はHゴム支持、後部には貫通路が設けられた。
◎北鉄金沢
昭和48（1973）年６月
撮影：髙井薫平

能登線

能登線は北陸鉄道の路線の中で、唯一の非電化路線である。起点の羽咋駅は、七尾線の上り線ホームの反対側が能登線のホームになっていた。このホームに対峙して北陸鉄道の能登線の車両基地があって、何両かの気動車がたむろしていた。羽咋に着いたのはもう日暮れに近く、この日のうちに金沢を離れるので、今回は様子見という気分だった。金沢行きを待つ束の間の見学だった。そして再訪を誓ったのだが次回は時間がとれず、このときの同行者がのちに１人で出かけて終点の三明まで乗車しているので、このときの写真が本書の主力になっている。

その後、地方私鉄探訪の第１人者の風間さんから、尾小屋鉄道など含めて多くの写真提供を受けたので、この本に栢がついたように思う。

能登線は将来、曹洞宗大本山総持寺祖院の門前町を経て輪島に至る路線を夢見ていたが、夢半ばで終わり、北陸鉄道に引き継がれる。完成した区間にある能登一ノ宮の駅前には、大きな鳥居が立っている。気多大社という全国で６社しかない國幣大社の大鳥居である。気多大社の境内には、社殿の奥の境内裏手には「入らずの森」といわれる原生林が広がっている。この気多大社へ参拝客を運ぶため、金沢からの直通列車が能登一ノ宮まで運転されていた。

能登一ノ宮から海岸に出た滝駅は漁港の入口、次の柴垣は海水浴場として当時人気があったという。高浜は能登線の中心で、列車の行き違いもあった。そして終点の三明に至る。能登一の宮から三明までの旧線路敷きは「能登海浜サイクリングロード」になった区間が多い。

能登線は昭和47 (1972) 年に廃止となった。最後まで活躍した気動車の一部は、関東鉄道へ譲渡された。

【羽咋の夜】夜の機関区の光景。機関区はホームのすぐ前にある。エンジンを下ろしたコハフ5151、その先にキハ5211が待機している。◎羽咋　昭和46 (1971) 年11月　撮影：今井啓輔

【4両連結DDTD編成のしんがりを務めるキハニ5102】5月の連休、4両編成の気動車列車には機関士が3人乗務していた。◎滝～柴垣　昭和41(1966)年5月　撮影：日暮昭彦

【キハニ5100形(5102)】キハニ5102とキハニ5151の編成。両者とも昭和41(1966)年にエンジンを撤去して付随客車となったが、路線廃止まで在籍した。◎羽咋　昭和34(1959)8月　撮影：田尻弘行

【キハニ5102】
昭和６(1931)年雨宮製作所製の中型気動車。雨宮製作所はこの時期各地の地方鉄道に気動車を供給しているが、単車が多く確かボギー車は少なかったように記憶している。スタイルは雨宮の単車を引き延ばしたようなスタイルで、手荷物室を持ち、前後に鮮魚台をつけていた。昭和42(1967)年に廃車され、漁礁として今も能登の海に眠る。
◎羽咋　昭和34(1959)年８月
撮影：髙井薫平

【キハニ5000形(5001)】
昭和11(1936)年加藤車輌製の小型ボギー車で、中央の窓がやや狭めな大きなカーブを描くなかなかスマートな車である。キハニを名乗るが車体の前後に鮮魚台があるだけで、車内に荷物室はない。ただ小型すぎたのか、晩年トレーラーになった。
◎羽咋　昭和35(1959)年８月
撮影：田尻弘行

【コハフ5000形(5001)】
車両の整備が進み、収容力の劣るキハニ5001はエンジンを下ろしてトレーラーに改造された。
◎羽咋　昭和41(1966)年５月
撮影：田尻弘行

【キハニ5150形(5151)】昭和28(1963)年に能登線入りした国鉄キハ40014である。やはり車体前後に鮮魚台が取り付けられた。キハ5201とともに廃線後はラーメン店舗として余生を過ごした。
◎羽咋　昭和34(1959)年８月　撮影：髙井薫平

【コハフ5150形(5151)】元国鉄キハ40000であるキハニ5151は、小型だったので晩年エンジンを下ろしてトレーラーになっていた。なお、乗務員扉は国鉄から払い下げられたあと取り付けられたもの。
◎羽咋　昭和41(1966)年11月　撮影：今井啓輔

【キハニ5151がしんがりを務める気動車列車】手前からキハニ5151、コハフ5001、キハニ5102、キハ5301の４両編成。３両の動力車のうち２両が機械式変速装置で、せっかくのキハ5301の総括制御も宝の持ち腐れだった。
◎滝～柴垣　昭和42（1967）年５月　撮影：日暮昭彦

【キハ5211の前で記念撮影】◎三明　昭和41（1966）年11月　撮影：今井啓輔

【キハ5162が２軸のトレーラーを引いてやってきた】
元三岐鉄道のキハ７である。２両目のコハフ1501は能登線生え抜きの単車のガソリンカーだった。
◎羽咋～能登一ノ宮
昭和37（1962）年８月
撮影：風間克美

【松林につくられたテントのそばを通る】
昭和36（1961）年に三岐鉄道からやってきたキハ5162は、昭和26（1951）年加藤車輛製作所製とされる謎の車両で、研究者の間では筑前参宮鉄道の車だったといわれる。もっとも「加藤車輛製作所」なる会社が何者なのかもよくわからない。廃車後漁礁として能登の海に眠る。
◎柴垣付近
昭和40（1965）年８月
撮影：梅村正明

【キハ5160形（5162）】
三岐鉄道から来たキハ5162は羽咋寄りに鮮魚台がついていた。
◎羽咋　昭和41（1966）年８月
撮影：村松 功

【ハフ1500形(1502)】
能登鉄道が昭和5(1930)年に雨宮製作所でつくった2軸のガソリンカー。昭和35(1960)年にエンジンを下ろしてトレーラーになっていた。
◎羽咋　昭和34(1959)年5月
撮影：田尻弘行

【コハフ3000形(3001)】
戦時中に国鉄から払い下げを受けた元芸備鉄道のガソリンカーだが、能登線では最初から客車扱いで気動車に引かれて走った。
◎三明　昭和41(1966)年5月
撮影：田尻弘行

【コハフ3001のサイドビュー】
扉は車端に向かって引き込まれるのがよくわかる。台車は気動車によくみられる菱枠構造でなく、電車のような軸ばね式である。
◎羽咋
昭和37(1962)年8月
撮影：風間克美

【キハ5200(5201)】能登鉄道は国鉄のキハ41043を、かなり早い時期(昭和25年)に払い下げを受けて陣容に加えていた。能登線入線に合わせて車体前後に鮮魚台が設けられた。廃線後、金沢市内のラーメン店でしばらく店舗として使われた。
◎三明　昭和41(1966)年5月　撮影：田尻弘行

【キハ5200形(5201)】この角度、前後に鮮魚台を設けたキハ41500もなかなか良いものだと思う。鮮魚台の下には連結器が取り付けられるから、台枠の補強工事は必要である。
◎羽咋　昭和41(1966)年５月　撮影：田尻弘行

【キハ5200形（5201）】三明に到着した急行列車。先頭では、地元の中学生たちが大歓迎してくれた。
◎三明　昭和41（1966）年５月　撮影：田尻弘行

【能登一ノ宮駅に到着するキハ5201】能登一ノ宮は正式には気多大社、かつては気多大神宮という國幣大社、かなり格の高い神社だそうだ。能登地方の中心的神社で、祭礼の時など金沢から直通列車が走った。鉄道がなくなった今も駅からの参道にあった大鳥居は残っている。◎能登一ノ宮　昭和41（1966）年５月　撮影：田尻弘行

【DC30形（DC30 2）】昭和29（1954）年から31（1956）年にかけて蒸気機関車に変えて使用するため、汽車会社から購入したロッド式C型ディーゼル機関車。貨物輸送がなくなってから、この機関車の役目はせいぜい構内の入れ換え仕業であり、昭和40（1965）年にはDC30 1を三岐鉄道に売却、残ったＤＣ30 2は金石線の中橋の国鉄線との貨車授受用に転じた。昭和42（1967）年から短期間であるが、日本冶金（運転管理は加悦鉄道）に駆り出されたことがあった。◎羽咋　昭和41（1966）年５月　撮影：田尻弘行

【DC30形（DC30 2）】能登線の沿線には能登高浜など著名な海水浴場があり、金沢から海水浴客を乗せた直通列車が運転されていたが、DC30 2は出動せず、機関車は国鉄のＣ58が機関士つきでそのまま乗り入れていた。
◎羽咋　昭和41（1966）年５月　撮影：田尻弘行

キハ5211～5213

昭和42（1967）年に遠州鉄道からやって来た。出自は国鉄のキハ04形であるが、遠州鉄道から転入時にキハ5211、5212は変速機を液体式に換装された。能登線廃止後、キハ5213を除きキハ5301とともに関東鉄道に移ったが、キハ5211は関東鉄道で廃車後、茨城県つくば市さくら交通公園に保存されたのち、登場時の姿に復元されて大宮の鉄道博物館に収蔵されることになった。

【キハ5210形（5211）】
◎羽咋　昭和43（1968）年８月
撮影：荻原俊夫

【キハ5210形（5212）】
◎羽咋　昭和43（1968）年８月
撮影：荻原俊夫

【キハ5210形（5213）】キハ5210形で本車両だけ変速機が液体式に改造されず、機械式のままだった。
◎羽咋　昭和47（1972）年３月
撮影：田辺多知夫

【キハ5250形(5251)】元国鉄キハ0731(キハ42530)で、能登線における最長の車両になった。鉄道廃止まで、機械式の気動車だった。◎羽咋　昭和41(1966)年5月　撮影：田尻弘行

【キハ5251＋キハ5211＋キハ5212編成】後ろの2両は総括制御ができたので、機関士は2人で済んだ。◎能登一ノ宮　昭和42(1967)年8月　撮影：矢崎康雄

【キハ5251が林を抜ける】
◎滝～柴垣　昭和46（1981）年11月　撮影：今井啓輔

【出発を待つ三明行き急行列車】急行のヘッドマークをつけているが、とくに使用車両は決まっていなかった。この日はたまたま新鋭キハ5301であった。◎羽咋　昭和41(1966)年５月　撮影：田尻弘行

【キハ5300形(5301)】昭和32(1957)年に登場した新造車である。登場当時はエンジンを持たない客車であった。１度に完成形でない車両増備は北陸鉄道のお家芸であるが、能登線の場合、他の線区のように動力装置を提供する適当な車両はなく、動力車化には新品機器が用意された。当然総括制御可能で、一説には国鉄七尾線の気動車に併結して金沢乗り入れを夢見ていたという。◎柴垣付近　昭和41(1966)年５月　撮影：田尻弘行

【海岸線の松林を行くキハ5301】◎滝～柴垣　昭和48（1973）年６月　撮影：田尻弘行

【キハ5301を先頭にキハニ5102、コハフ5001、キハニ5151の3D1T編成】先頭のキハ5301は総括制御可能だが、ほかの2両は機械変速式なので、機関士は各動力車に乗り込んでいる。◎滝～柴垣　昭和42(1967)年5月　撮影：日暮昭彦

【はまかぜ】国鉄金沢から能登の柴垣海水浴場へ避暑客を運ぶために設定されていた直通列車「はまかぜ」。C58牽引の7両編成だった。◎柴垣　昭和42(1967)年7月　撮影：矢崎康雄

金沢市内線

北陸の旅は楽しかった。それぞれ県庁所在地の駅を降りると、駅前に市内電車が走っていた(正確にいえば福井では少し横町の方に単線の軌道があった)。これらはみな市営ではなく、それぞれの都市に拠点を置く私鉄の経営であった。北陸の中心都市といえる金沢市の市内電車は、市民の足として元気だった。金沢市はその歴史的背景から三叉路の多い街並みで、十字の交差点は少なく平面交差はなかったが、三叉路で方向が分かれるのは金沢市内線の特徴だったといえる。国鉄の金沢駅は少し町の中心から外れていたので、市内を一巡する循環線の武蔵ヶ辻の三叉路で分かれて、さらに白銀町の三叉路で駅前行きは左に折れた。金沢市の古い家並みを引き継いで道路はつくられ、そのため金沢市内線には三叉路は5か所あったが、このうち4か所は一種のデルタ線であり、どちらの方向にも行くことができる構造になっているのが特徴であった。駅前は一方通行のループになっていて、電車が数珠つなぎになって停まっていた。また、金沢駅前から浅野川線北鉄金沢に単線の線路で連絡していた。これは石川総線の連絡駅の野町でも同様の設備があった。また、橋場町で分かれて北陸本線東金沢に至る支線では、途中から単線の専用軌道になって東金沢に達していた。

電車は半鋼製の単車がまだ残っており、運が良ければ木造ダブルルーフの単車にも出会えた。単車は緑色と焦げ茶色の2通りがあり、木造車両もわずかに残っていた。さらに木造車とほぼ同じ仕様でつくられた初の半鋼製車モハ200形、木造単車を鋼体化して生まれたモハ300形が主力だったが、昭和24（1949）年につくられた2色塗り分けのボギー車との格差は明らかに大きかった。北陸鉄道では金沢市内線の整備を優先していたようで、昭和24（1949）年にはモハ2000形小型ボギー車10両、昭和26（1951）年にはモハ2100形12両、昭和31（1956）年にはモハ2200形6両を立て続けに投入した。さらに昭和36（1961）年には間接制御装置をつけた新性能電車モハ2300形を2両、登場させている。運転系統は金沢駅を通る3つの系統をはじめ6系統あり、全線均一運賃だった。しかし道路交通の変化による採算の悪化はいかんともしがたく、昭和42（1967）年2月11日にバスに転換して、半世紀にわたる歴史に幕を下ろした。

金沢市内線は大正8（1919）年に金沢電気軌道の手で省線の金沢駅前から犀川大橋まで3.9㎞が開業し、以来路線を延ばしつつ昭和20（1945）年の路線延長で最終的に12.5㎞の長さになり、金沢市民25万人の足、また北陸随一の史跡だった兼六園への足となった。軌間は1067㎜とそのほかの北陸鉄道各線と共通で、北陸鉄道の各郊外線の車両回送にも使われたという。金沢方の起点が市内線の存在を前提に設けられた箇所もあり、白菊町、野町（石川総線、松金線）がそうであった。

兼六園下（公園下）に北鉄の工場があり、市内線の車両以外にも鉄道線の車両が連絡線を通って入場したが、今はなく、そのあとは県営駐車場になっている。

【モハ2100形（2107）正面】
道幅が狭かった金沢の町に合わせたような細身の車体である。◎金沢駅前付近　昭和38（1963）年8月　撮影：今井啓輔

【モハ300形（301）】 モハ300形は在籍する木造単車の機器を使ってモハ200と同じような車体を載せたもので、大阪の藤永田造船所で生まれた。
◎兼六園下　昭和41（1966）年8月　撮影：矢崎康雄

【モハ50形(57)】木造車のモハ300形半鋼製車の更新は昭和7(1932)年ごろから積極的に行われ、戦時中まで続いたが、戦後9両が木造車のまま残り、51～59の番号で昭和30(1955)年ごろまで使用された。写真は昭和31(1956)年5月だが、運が良かった。◎金沢駅前　昭和31(1956)年5月　撮影：荻原二郎

【モハ50形(61)】古い木造単車だが、鋼体化対象から外れた2両を木造車体のまま定員増化工事(車体幅を広げる)を行ったもので、2両が最後の木造車として残った。◎金沢駅前　昭和31(1956)年5月　撮影：荻原二郎

【モハ200形(204)】昭和6(1931)年大阪、藤永田造船所で製造された半鋼製単車で、それまでの木造単車に倣った車両だった。ボギー車の増備で昭和41(1966)年に全車廃車になった。
◎野町広小路　昭和38(1963)年8月　撮影：今井啓輔

【モハ300形(305)】市内線で最大両数を誇った半鋼製単車で、旧型車の部品流用で生まれた車両。モハ309が昭和40(1965)年に暴走事故を起こして、これが市内線廃止を早めた一因ともいわれている。ボギー車が整備され活動の範囲は狭まったが、市内線廃止時には4両が在籍していた。◎金沢駅前　昭和39(1964)年12月　撮影：風間克美

囲碁
白山クラブ
麻
201
小林洋服店
主婦の友
文具事務用品
東山房
麻雀

【三叉路を行く 200形(201) 5系統】
小立野から兼六園下を通り、金沢城を囲む環状部分から分かれ、東金沢に向かう5系統。金沢市内線は金沢城を囲んだ環状線から4方向に線路が伸びていた。分岐するところはいずれも三叉路で、金沢市内線には直角に交わる交差点は無かった。
◎橋場町
昭和39(1964)年12月
撮影：風間克美

【モハ300形(315)】モハ300は戦前の金沢の市内電車を代表する車両だった。２段上昇式の窓も大きく、他の都市の市電とはどこか違う風情があった。◎金沢駅前　昭和38(1963)年８月　撮影：清水 武

【モハ300形(314)】多くの区間が併用軌道であった金沢市内線も、末端区間には専用軌道の箇所があった。石川総線の野町駅前付近もそうで、モハ314が野町駅前への坂を下っていく。◎ 野町広小路付近　昭和38(1963)年８月　撮影：清水 武

【モハ300形(316)】あちこちから部品を集めて生まれた車両のようだ。乗り心地も悪く嫌われたという。なお、側窓が１段下降式で、２段上昇式のほかの車両と比べてみすぼらしく見えた。最後は２両が事業用になって残っていた。
◎金沢駅前　昭和38(1963)年８月　撮影：清水 武

【金沢駅前のループ線に並んだ電車たち】金沢駅に入る路線は白銀町電停から単線で、ループ線状に１・２・６系統の電車が発着した。駅前の電停も単線だったので、時には電車が数珠つなぎになった。
◎金沢駅前　昭和39(1964)年12月　撮影：風間克美

【モハ2000形(2004)】金沢市内線初めてのボギー車で、昭和24(1949)年から25(1950)年にかけて10両が投入された。製造は大阪の広瀬車輌が担当した。同時期つくられた仙台市電の100形、札幌市電の500形とよく似ている。廃止後、名古屋鉄道岐阜市内線に転じた。◎金沢駅前付近　昭和38(1963)年8月　撮影：今井啓輔

【兼六園下横の勾配区間で行き違うモハ2001とモハ2110】兼六公園の外縁を通る区間は勾配とカーブの難所だった。
◎兼六園下　昭和41(1966)年8月　撮影：矢崎康雄

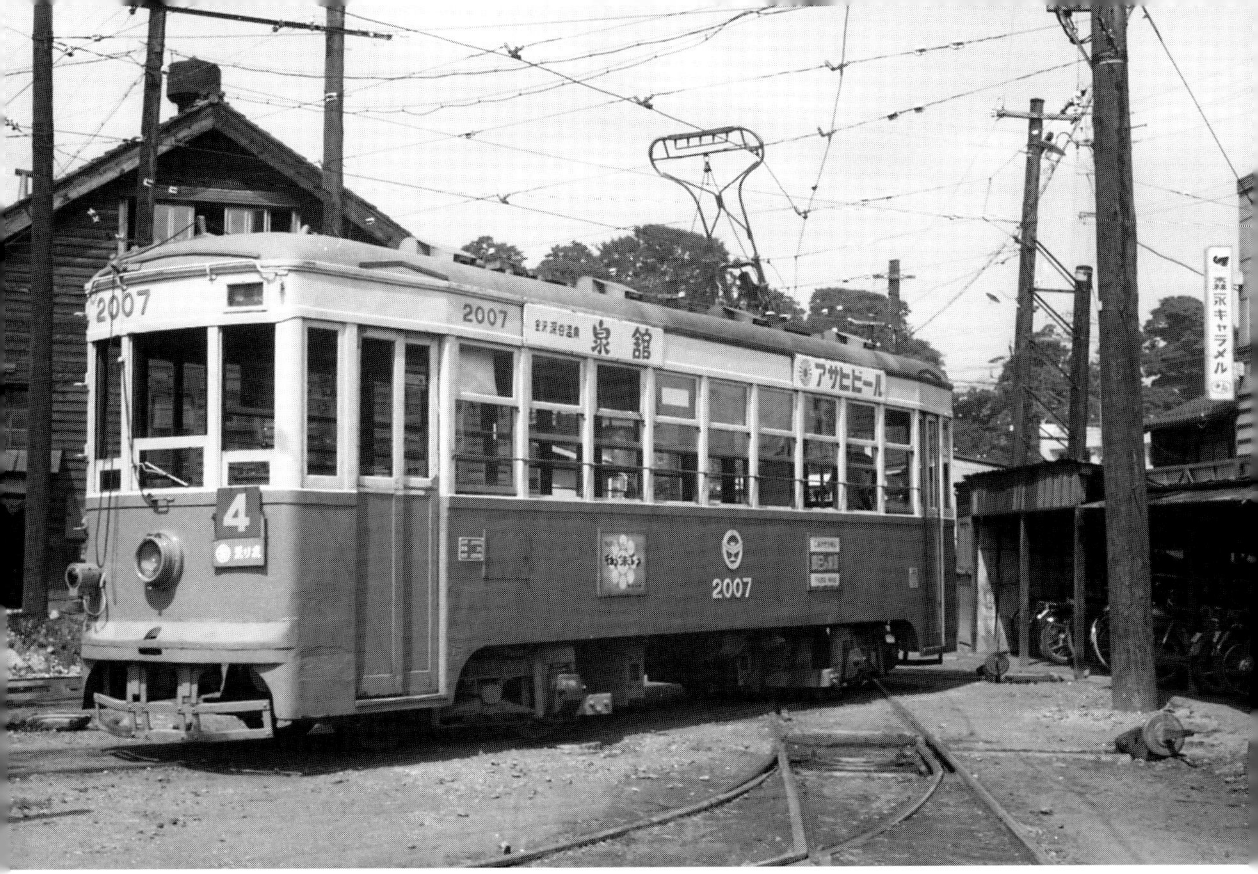

【モハ2000形（2007）】兼六園下にあった北鉄工場はまさに北陸鉄道の技術の要。ここは市内線の車両だけでなく、周辺の鉄道線の車両も市内線を経由して入場した。そして様々な改造を施されたのち、再び市内線を経由して鉄道線へ戻っていった。
◎北鉄工場　昭和41（1966）年８月　撮影：矢崎康夫

【モハ2000形（2005）】１系統は金沢駅を出て兼六園下から小立野に至る路線だった。
◎金沢駅前付近　◎昭和34（1959）年８月　撮影：田尻弘行

【公園下を行くモハ2004】金沢城の櫓の下を抜ける。春待ち遠しいころ。
◎兼六園下　昭和39（1964）年12月　撮影：風間克美

【モハ2050形(2051)】
東金沢までの支線は途中鳴和から単線になって、専用軌道で東金沢に達した。
◎東金沢駅前
昭和37(1962)年5月
撮影：荻原二郎

【モハ2050形(2051)】
八王子から高尾を結んでいた武蔵野中央電鉄8号を譲り受けたもので、昭和13(1938)年から金石線でモハ1101として使用されたのち、昭和26(1951)年に市内線に移った。狭い金沢市内で使用するため、車体の前後を絞る工事が実施された。
◎ 兼六園下
昭和38(1963)年8月
撮影：清水 武

【モハ2060形(2061)】
昭和38(1963)年に廃止になった琴平参宮電鉄の81・83の2両を譲り受けモハ2061・2062となった車両だが、金沢市内で使用するのには大きすぎ、得意の自社技術力を駆使して車体を新造した。ただ市内線そのものは昭和42(1967)年全線廃止になるので、活躍した期間は短い。市内線廃止後は隣の福井鉄道に転じ、モハ511・512になって福井市内線で使用されたが、現在は廃車になっている。
◎六枚橋～白金町
昭和39(1964)年12月
撮影：風間克美

【モハ2100形(2104)】モハ2000形に続いて昭和26(1951)年に広瀬車輛で生まれた。この車からその後の市内電車のスタンダードになった後部のドアを車体中央付近に設ける中出し式のドア配置になった。廃止後は名古屋鉄道岐阜市内線に移った。◎香林坊　昭和30(1955)年3月　撮影：荻原二郎

【犀川大橋を渡るモハ2104】金沢市最大の繁華街、香林坊、片町を過ぎると、電車は犀川大橋を渡る。あと少し走ると石川線に乗り換える野町に到着する。◎犀川大橋　昭和41(1966)年5月　撮影：髙井薫平

ことば解説 北陸鉄道の電車を作ったメーカー

北陸鉄道の履歴から車両の製造所や改造所を見ると40近くもある。日本車両，汽車会社など大手のメーカーもあるが、あまり知られていないメーカーも数多く見受けられる。これらには古い車体を台枠利用で車体を新製したり、台車やモーター制御器など中古の装備品を合わせて改造、または新製としていたケースも多い。また自社工場での製造や改造が多いのは、北陸鉄道にはある程度車両を知るメンバーがいて、これらを出張工事を得意とする業者がかかわって支えていたと思われる。以下は北陸鉄道の車両の製造、改造を行ったメーカーをいくつか掲げてみた。

北陸鉄道の車両メーカーとして最古のメトロポリタン

能登線のハフ1402と1402のメーカーがメトロポリタン。日本鉄道が輸入し国有化後、鉄道省から能登鉄道に払い下げられた。メトロポリタン鉄道客貨車会社Metropolitan Railway Carriage and Wagon Company Ltdが設立されたのは文久2（1863）年。昭和4（1929）年、造船会社キャメル・レアードの鉄道車両部門と合併してメトロポリタン=キャメル客貨車会社Metropolitan-Cammell Carriage and Wagon Company Ltd）が設立された。長い間、植民地を含む英国連邦の鉄道向けに客車、気動車、電車の製造を続けた。

しかし1989年メトロポリタン=キャメルの鉄道事業はGECアルストムに売却した。アルストムも2005年バーミンガムのウォッシュウッド・ヒースの工場を閉鎖、売却し幕を閉じた。

昭和の時代に消えたメーカー

現在の北九州市で設立された枝光鉄工所は大正6（1917）年に設立され、大正12（1923）年、前年に設立した東洋車輌に合併された。電車、機関車、貨車など多くの鉄道会社から受注していたが、昭和初期の大恐慌で昭和6（1931）年に工場を閉鎖、昭和16（1941）年に会社は解散した。その他雨宮製作所、東京工業所、日本鉄道自動車などがあった。

戦後、消えてしまったメーカー

廣瀬車輌(株)の設立は戦後間もない昭和21（1946）年。本社は大阪市北区東区北浜。堺工場が大阪府堺市神辺町にあった。ここは大阪市電阪堺線（三宝線と呼ばれ阪堺電気軌道のことではない）の三宝車庫の近くである。他に泉大津市泉西港町に泉大津工場、中河内郡若江村に若江工場の名があった。

広瀬車両の製作実績は北陸鉄道金沢市内線2100形の他に京都市電1000形や呉市電1000形、熊本市電130形など西日本の路面電車が多い。しかしこの会社はドッジラインの影響など受注の減少により昭和27（1952）年に解散。同じ堺市にあった昭和8（1933）年設立の木南（きなみ）車両も戦後、再興したにもかかわらず昭和29（1954）年に倒産した。

それまで廣瀬車両に発注した路面電車事業者は阪急の子会社となったナニワ工機に発注している。これにはもと廣瀬車両のメンバーがナニワ工機に何らかの形で寄与したのではないか思われる。ナニワ工機はその後アルナ工機、アルナ車両となっているが、路面電車、LRVでは後進国となってしまった日本でひときわ頑張っている。その他名古屋市南区に三山車両があった。三山工業(株)が正式名のようで設立は昭和23（1948）年。もと名古屋市電の車体に鉄道省の3軸ボギー台車を2軸に改造したものをつけて北陸鉄道に納め、サハ600形にしている。

小松榮次郎

北鉄サハ301、302の元をたどると余市臨港鉄道のキハ101、102で製造所が小松榮次郎蒲田工場という表記がある。これは小松榮次郎工業所のことで実際は余市臨港鉄道と同一の企業体だったという。実際には自分では工場を持たず、受注しては他に依頼するというブローカーの形態であった。

電化設備を一括受注した会社

馬來（まき）製作所は明治40年（1907）年架線金具の製造販売で創業、昭和2（1927）年に馬來工業(株)に、昭和20（1945）年三和テッキ(株)に改称し現在盛業中である。

車両メーカーではないが昭和11（1936）年に開業した若松市営軌道にEL 2両をおさめている。たぶん電力関係一括受注の中に電気機関車があり、改造組み立てをしたものと思われる。昭和31（1956）年北鉄のEB201になった。若松市営軌道は若松市（現在は北九州市）の市街を昭和50（1975）年まで走っていた旅客営業をしない貨物専用の路線だった。三和テッキは宇都宮事業所で都電の175号（もと王子電車）やD51 947、新幹線E2などを静態保存、CSR活動をしている。

文・矢崎康雄

【モハ2100形(2106)】春まだ浅い３月、雪が残る中３系統モハ2106が行く。◎兼六園下　昭和32(1957)年３月　撮影：上野 巌

【モハ2200形(2206)】昭和31(1956)年から投入された車で、これまでの2個モーターから4個モーターに強化、室内灯も蛍光灯になっている。最後につくられた2206は全金製になった。市内線廃止後は他車と同様、親会社になっていた名古屋鉄道の岐阜市内線に転じた。◎六枚橋～白銀町　昭和39(1964)年12月　撮影：風間克美

【モハ2200形(2204)】橋場町の三叉路を左折れして鳴和・東金沢方面に向かう4系統。
◎橋場町　昭和39(1964)年12月　撮影：風間克美

【モハ2300形（2302）】
昭和36（1961）年に登場した最後の新造車。車体はモハ2206に準じているが、間接制御の採用など技術面での改良が見られる。市内線廃止後、同じ名鉄系の豊橋市内線に移ったが、現在は廃車されている。
◎野町広小路付近
昭和38（1963）年５月

【モハ2300形（2302）】
この区間は金沢市内線最大の難所で、過去に単車が暴走して死者の出る大事故を起こしている。このため、単車が元気だったころもこの区間を走る1.3系統にはボギー車が投入された。
◎兼六園下～出羽町
昭和39（1964）年12月
撮影：風間克美

【北鉄工場】
建屋内にはモハ2112とモハ2108の姿がある。手前には所狭しとギアーつき車軸が並んでいる。今では珍しい松葉スポーク車輪も見える。
◎北鉄工場
昭和41（1966）年８月
撮影：矢崎康雄

3章
尾小屋鉄道

18世紀初頭に開発されたという尾小屋鉱山の輸送手段として大正9（1920）年，開業した軽便鉄道である。戦時中の陸運統制令の対象から外れ、昭和52（1977）年に廃止されるまで、わが国における最後の非電化の軽便鉄道だったことになる。当時すでに希少価値が高まっていたのが幸いし、廃止後、ほとんどの車両が残ることになる。まず尾小屋鉱山跡にできた見学施設に蒸気機関車やディーゼルカー、客車が保存されている。また小松の隣駅、粟津にある「いしかわ子供交流センター」の中に敷設された「なかよし鉄道」にもディーゼル機関車、ディーゼルカー、客車などが保存され、しかも何両かは動態保存で、ここを訪れる家族連れを出迎えている。

かつて尾小屋鉄道の小松駅は国鉄小松駅の大阪よりの北陸本線の踏切を渡ったところにあった。同じ北陸本線の東側から発着していた北陸鉄道小松線と近いはずだが、両線の連絡はよくなくいちいち駅の西側を廻る必要があったように記憶している。もっとも尾小屋鉄道から北陸鉄道小松線に乗り換える人は皆無だったからその配慮は不要だったのだろう。

初めての訪問のときに感じたのは、尾小屋鉄道の小松の構内は雑然とした雰囲気だった。国鉄の小松駅の福井方の広い踏切を渡った左手に、尾小屋鉄道と大書きした小さな駅があり、色々な車が散らばっている。ディーゼル機関車が２両、気動車も２両しかなかったころで、立山製の５号蒸気機関車もすぐに使用できるよう整備されていた。客車は三重交通から来たボギー車が多く、創業時に用意された単車のハフ1も３両揃って健在、鉱山はすでに操業を昭和37（1962）年に終了、まだ、鉱山鉄道として２軸の無蓋貨車が20両ほど、その何両かが残っていたが、それ以前の昭和32（1957）年には鉱石輸送は鉄道からトラックに変わったので、貨物列車が走ることはなかった。

朝夕の通勤時間帯にディーゼル機関車の牽く客車列車が走っていた。かつては人口5000人を超えた尾小屋の人口も、尾小屋鉱山の縮小、廃業によって過疎化が進み、昭和52（1977）年３月19日鉄道は廃止されてしまう。

【DC122の牽く列車】◎新小松～西吉竹　昭和45（1970）年５月　撮影：風間克美

【No.5 機関車の引くミキスト】この日は今年最後の特別運転日で、全国から愛好者がたくさん集まっていた。
◎観音下〜倉谷口　昭和45（1970）年11月　撮影：風間克美

【DC121 牽引列車】上空を北陸鉱山の索道が通っている。◎ 観音下～倉谷口　昭和45（1970）年11月　撮影：風間克美

【No.5の引く特別列車】
No.5の引く列車は、11月に行われた愛好者のための特別運転。この種の催しは結構頻繁に行われていたようだ。
◎観音下～倉谷口　昭和45（1970）年11月
撮影：風間克美

【DC122の牽く尾小屋行き列車】車齢40年を超えた２両のディーゼルカー。中古の気動車、蒸気機関車を直したという２両のディーゼル機関車という陣容で、車両のやりくりは大変だったように思う。今日は最新鋭のDD122が、三重交通から来たこれまた古い客車を牽いて出発を待つ。◎新小松　昭和43（1968）年11月　撮影：風間克美

【新小松駅の昼下がり】廃止の話も現実になってきたゴールデンウィークの1日。車体更新したホハフ７がぽつねんとしている。◎新小松　昭和50（1975）年５月　撮影：隅田 衷

【中間の駅】側線もある交換駅。尾小屋鉄道にはこの観音下と金平、西大野という３つの列車交換可能駅があった。晩年には駅員は不在で、列車交換のときだけ転轍機扱いに社員が出張した。
◎尾小屋　昭和51(1976)年５月　撮影：山田 亮

【朝日さす尾小屋の家並み】
◎長原　昭和39（1961）年12月　撮影：風間克美

【No.5号機とホハフ５】仕業を終えて尾小屋駅で休む５号機。
◎尾小屋　昭和45（1970）年11月　撮影：風間克美

【C155】あちこちに錆が浮き、傷みを感じるがまだ現役。廃線の日まで頑張るつもりだ。
◎新小松　昭和52（1977）年３月　撮影：髙井薫平

【DC122の引く旅客列車】今日は１両増結して４両の客車を引くてきた。
◎倉谷口～観音下　昭和45（1970）年12月　撮影：風間克美

【DC122】新小松行きの列車はＤC122が客車を３両牽引している。◎尾小屋　昭和46（1971）年５月　撮影：清水 武

【DC121の牽く列車】近年は西大野あたりまで小松の市域が広がったようだが、この列車の後ろにある立派な鳥居の現在は把握できていない。◎西大野　昭和40（1965）年８月　撮影：梅村正明

【DC121】昭和27（1952）年に協三工業（福島県）が製造した12トンのディーゼル機関車。足回りの一部にかつて在籍した蒸気機関車の部品を活用したと伝えられる。スタイルは全体に丸みがあり、同時期製造した仙北鉄道のDC122に似ている。
◎新小松　昭和38（1963）年　撮影：風間克美

【DC121の引く列車】前から２軸車のハフ３、ホハフ７、ホハフ３の編成。◎尾小屋　昭和38（1963）年　撮影：風間克美

【DL牽引列車】昭和33（1958）年に登場したDC122は直線的なすっきりしたスタイルに仕上げられたが、貨車移動機のようなあっさり感もある。性能的にはDC121と変わらず、廃止の日まで活躍した。◎新小松　昭和40（1965）８月　撮影：風間克美

【DC121】昭和27(1952)年、協三工業製のディーゼル機関車。元1号蒸気機関車の足回り(フレーム、動輪、サイドロッドなど)を流用したと伝えられる。変速装置は機械式であった。鉄道廃止後、石川子供交流センター「なかよし鉄道」に動態保存されている。◎新小松　昭和34(1959)年8月　撮影：髙井薫平

【DC12形(DC122)】協三工業製の12ｔ機関車。現在、那珂川清流鉄道で保存されている。
◎新小松　昭和34(1959)年8月　撮影：髙井薫平

尾小屋鉄道車両の動態保存　石本 祐吉

「赤門鉄路クラブ」は、東大鉄道研究会のOB、OGの集まりである。昭和52（1977）年にわが国最後の非電化軽便鉄道である尾小屋が廃止になったとき、この一部を買い取って保存しよう、という話が出て、約40名が１人10万円ずつ出すことに同意したので交渉に入り、会社側の好意的な受け止めもあって実現した。そのあたりの経緯は、発起人でかつ実質的に中心になって動いた藤沢英幸氏が、発足当時と８年後の２回にわたって「鉄道ピクトリアル」誌に寄稿しているので省略する。取得したのはキハ２、ホハフ７の２両と尾小屋終点の土地、線路等である。他にも地元の有志に自治体の後援もあって「なつかしの尾小屋鉄道を守る会」が結成され、小松市内の粟津公園内にキハ１を含む車両４両を保有する「なかよし鉄道」ができ、子どもたちを乗せて園内500m近くを往復している。

赤門有志（赤門軽便鉄道保存会）の方は最初の財産取得で基金をほとんど使い果たしているうえに、地元在住の常勤メンバーもいないので、年に何回か有志が集まって線路の草刈り、バッテリーの充電等をして車庫の外をちょっと走らせる、という程度のことをやっているだけで、何もかも発足時のままだ。しかし、なかよし鉄道の方では末永く走らせることを念頭にキハ１の変速機を液体式に改造し、車両もきれいに手入れして毎日走らせている、ということで、同じ「動態保存」といってもかなりの相違があるのはやむを得ないだろう。

（東京大学鉄道研究会ＯＢ）

◎新小松　昭和52（1977）年
撮影：石本祐吉

◎尾小屋　昭和52（1977）年
撮影：石本祐吉

【キハ1】50年以上昔の風景。ただ写っている昭和11(1936)年製の気動車が、現在も山を下りて子どもたちを乗せて走っている信じられない事実も現実。◎観音下　昭和39(1964)年12月　撮影：風間克美

【ＤＣ121の引く列車】牽引される客車も更新が進んで今様のスタイルになってきた。
◎観音下〜倉谷口　　昭和45（1970）年10月　撮影：風間克美

【キハ２】珍しい日立笠戸製のディーゼルカー。多分日立製作所がつくった唯一の軽便鉄道向け気動車である。現在も「赤門軽便鉄道保存会」の手で、かつての尾小屋駅構内に保存されている。
◎新小松　昭和51（1976）年５月　撮影：山田 亮

【交換列車を待つ】◎金平　昭和40（1965）年５月　撮影：高井薫平

【尾小屋にやってきたNo.5】この日は年に数回行われるNo.5の特別列車の運転日。かつて「立山、立山」とバカにされた機関車も、今や貴重な存在になっていた。◎昭和45（1970）年10月　撮影：風間克美

【森を抜ける】新小松を出てしばらくのどかな農耕地帯を抜けた尾小屋鉄道の気動車は、吉竹を過ぎたあたりから山地に入っていく。◎吉竹～遊園地前　昭和40（1965）年５月　撮影：髙井薫平

【キハ1】
昭和12(1937)年に誕生した日本車輌の標準的ガソリンカーで、仲間があちこちにいた。日車得意の偏心台車を採用、トレーラーの牽引に適した設計だった。戦後はデイーゼルエンジンを２度も載せ替えている。鉄道廃止後、粟津にある「なかよし鉄道」で動態保存されている。
◎尾小屋
昭和41(1966)年５月
撮影：清水 武

【キハ2】
昭和13(1938)年に日立製作所笠戸工場で生まれた。エンジンは日立430ROと称するディーゼルエンジンを搭載した。おそらくわが国最初の軽便鉄道のディーゼルカーであった。戦後はエンジンを２回載せ替えている。鉄道廃止後、東京大学鉄道研究会OBの有志の手で、今も尾小屋駅元構内に健在である。
◎新小松
昭和34(1959)年９月
撮影：高井薫平

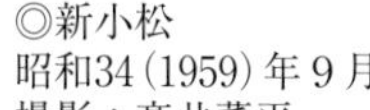

【キハ3】
昭和39(1964)年11月に廃止になった遠州鉄道奥山線からやってきた汽車会社製、昭和29(1954)年生まれというディーゼルカー。汽車会社製の軽便気動車というのは珍しい。遠州鉄道ではキハ1803といい、車号は切り抜き文字で取り付けられていたので、尾小屋鉄道では切り抜き文字を取り外さず「180」に車体色を塗ってキハ３とした。
◎尾小屋
昭和40(1965)年８月
撮影：高井薫平

【ハフ３】
尾小屋鉄道が開業に合わせて３両製作した２軸客車。うち１両は休車になったが、２両は廃線まで働き、現在も保存されている。
◎新小松　昭和41（1966）年５月
撮影：清水 武

【ホハフ５】
元中勢鉄道の車両で、扉の位置が面白い。尾小屋鉄道時代、相当手を加えられたが、現在も「なかよし鉄道」の一員のはず。もと三重交通サ321。
◎新小松
昭和40（1965）年８月
撮影：高井薫平

【ホハフ２】
鉄道に関係ないが、右の立て看板は元尾小屋鉱山を引き継いだ地元の鉱山会社のもので、今は存在しない。
◎新小松
昭和45（1970）年11月
撮影：風間克美

【ホハフ1】
かつて三重交通湯の山線にいた車両で、サ331として電車に引かれて走っていた。その後木造の車体が傷んできたので、鉄板を張り付けて補強していた。
◎尾小屋　昭和40(1965)年8月
撮影：髙井薫平

【ホハフ7】
同じ三重交通でも北勢線の車両だった。車体が傷んだので全面的な更新工事を行い、側窓はHゴム支持の新しいスタイルになったが、北勢線サニ400の特徴だった妻板のカーブは残っていた。現在キハ2とともに尾小屋にいる。
◎尾小屋　昭和52(1977)年3月
撮影：髙井薫平

【ワフ3】
かつて鉱石列車のしんがりを務めたのかもしれない緩急車だが、鉱石輸送がなくなったのちも小荷物輸送には用いられたようだ。
◎新小松　昭和40(1965)年8月
撮影：髙井薫平

【ト】
33.5ｔ積みの小さな無蓋車が20両ほど在籍し、鉱石を運んでいた。機関車も小さく、輸送量はそんなに大きくなかったと思われる。
◎新小松　昭和46(1971)年12月
撮影：髙橋慎一郎

廃止の決まった昭和52(1977)年３月、廃止の２週くらい前に尾小屋鉄道を訪問した。小松にはほとんど見られないくらい雪が深く、とても尾小屋まではいけないという。とにかく行けるところまでと乗り、降ろされたのは確か倉谷口だったと思う。少し古びたバスが待っていた。駅の構内は雪で踏み固められ、気動車が１両停車できるだけのスペースにレールがのぞいていた。そのバスで少し走ったら雪に埋もれた尾小屋駅前に到着した。
◎倉谷口　昭和52(1977)年３月
撮影：髙井薫平

廃線の日を数日後に控えた日、やっとたどり着いた尾小屋の駅舎は雪の下にあった。

北陸鉄道、尾小屋鉄道沿線の地図

陸軍参謀本部陸地測量部発行「1/50000地形図」

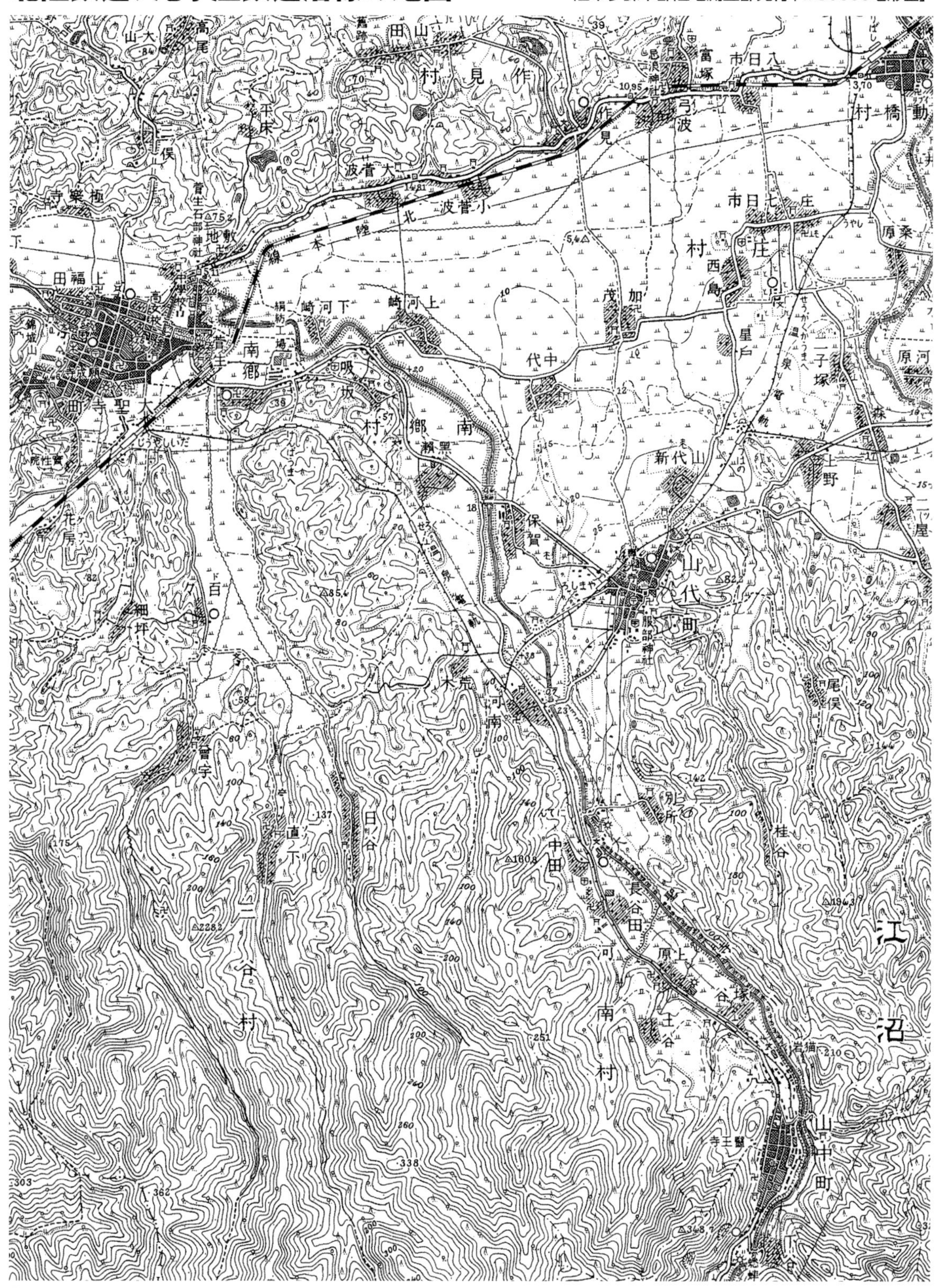

【山中線、動橋線　昭和6（1931）年】北陸本線大聖寺から山中へは早い時期に馬車鉄道ができたが、北陸鉄道になる前には電車になり温泉電軌が運行していた。大聖寺駅は江戸時代の城下町だった大聖寺町の南側、町外れだったことがこの地図でもわかる。山中線は大聖寺駅を出てしばらく走ると、左手が大聖寺川の流れる平地、右手が山という地形になる。線路は終点まで大聖寺川の左岸である。この地図では終点の山中は山中町の北の町外れに位置している。

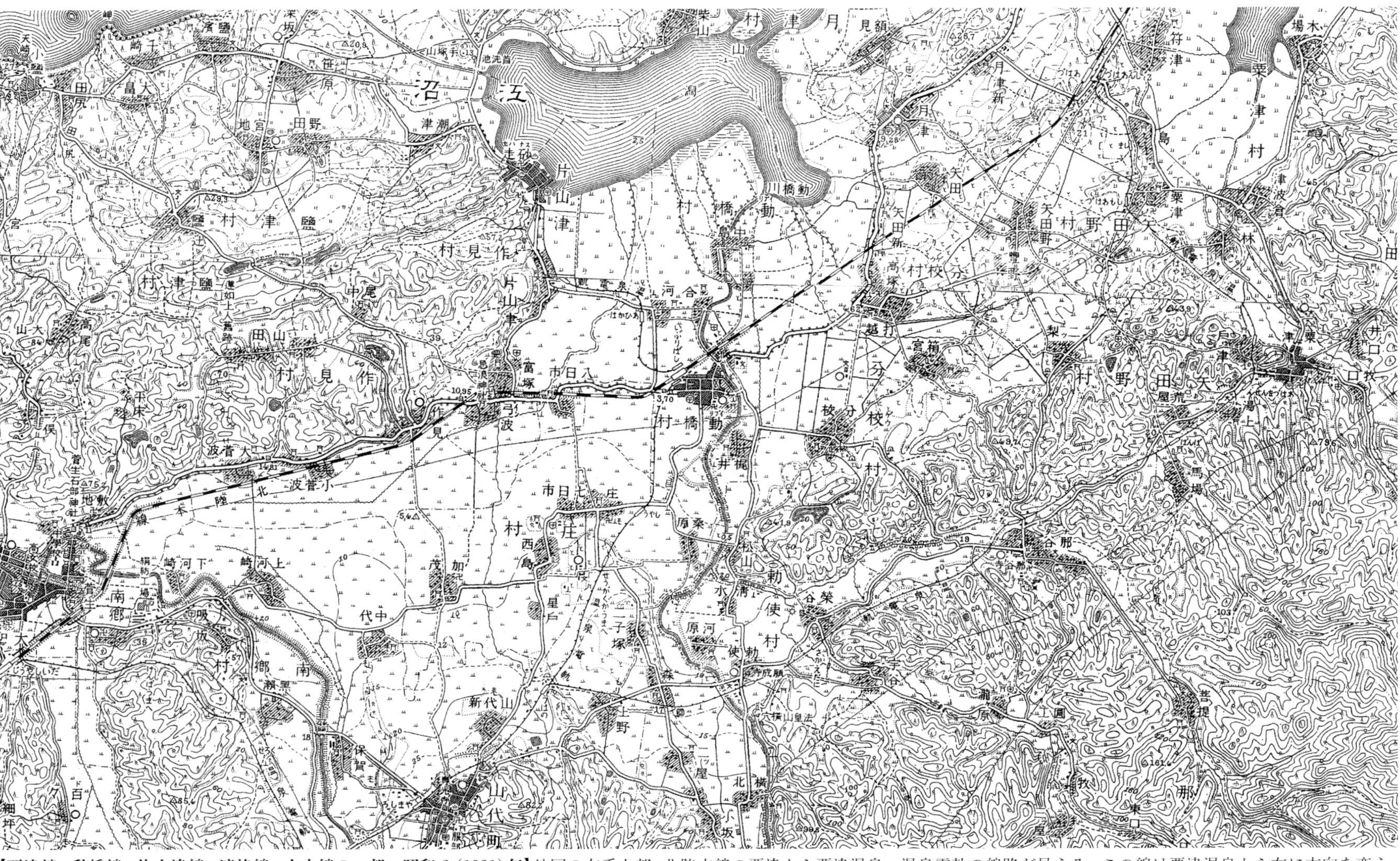

【粟津線・動橋線・片山津線・連絡線・山中線の一部　昭和6(1931)年】地図の右手上部、北陸本線の粟津から粟津温泉へ温泉電軌の線路が見える。この線は粟津温泉から右に方向を変え、宇和野で動橋線と合流する。宇和野はこの地図では上野、駅名は「うはの」と書かれている。この先は山代を通って、河南で大聖寺からの山中線に接続する。北陸本線の動橋(いぶりばし)駅からは2本の線が出ていた。北陸本線のホームをはさみ、北側から片山津、南側から宇和野、山代方面へ温泉電軌の電車が発車していた。

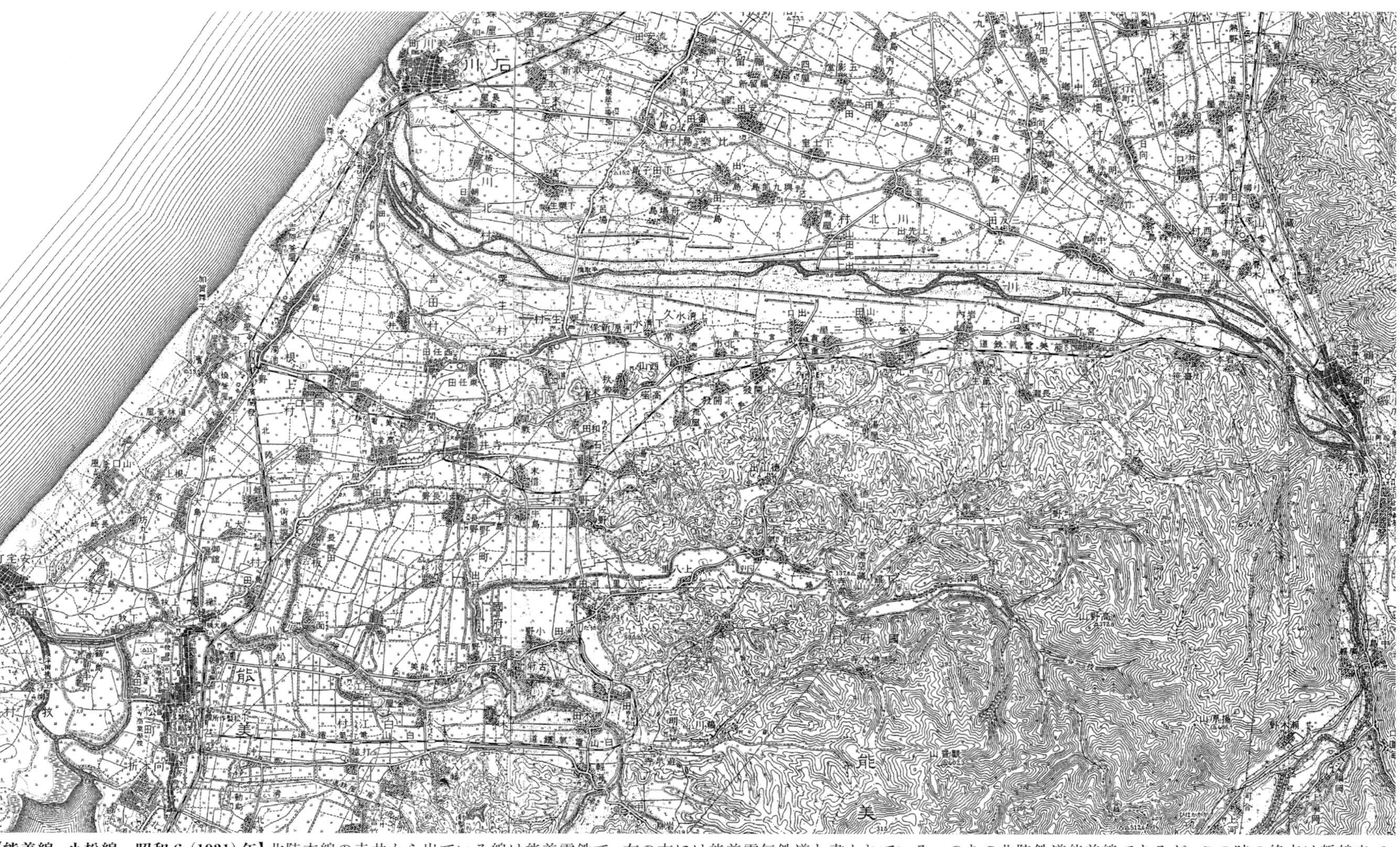

【能美線、小松線　昭和6（1931）年】北陸本線の寺井から出ている線は能美電鉄で、右の方には能美電気鉄道と書かれている。のちの北陸鉄道能美線であるが、この時の終点は新鶴来で、鶴来まで開通していない。新鶴来〜鶴来は昭和7（1932）年に天狗山隧道と手取川橋梁を通って開通し、新鶴来駅は天狗山に改称された。地図の左下、北陸本線の小松からは、東に直角の方向に線路が延びている。地図には白山電気鉄道と記されているが、6年後の昭和12（1937）年に小松電気鉄道に改称、のちに北陸鉄道小松線になった。この地図には終点の鵜川遊泉寺から線路が北に延び埴田（はにた）河田（こうた）と駅が記されているが、開業された様子はない。

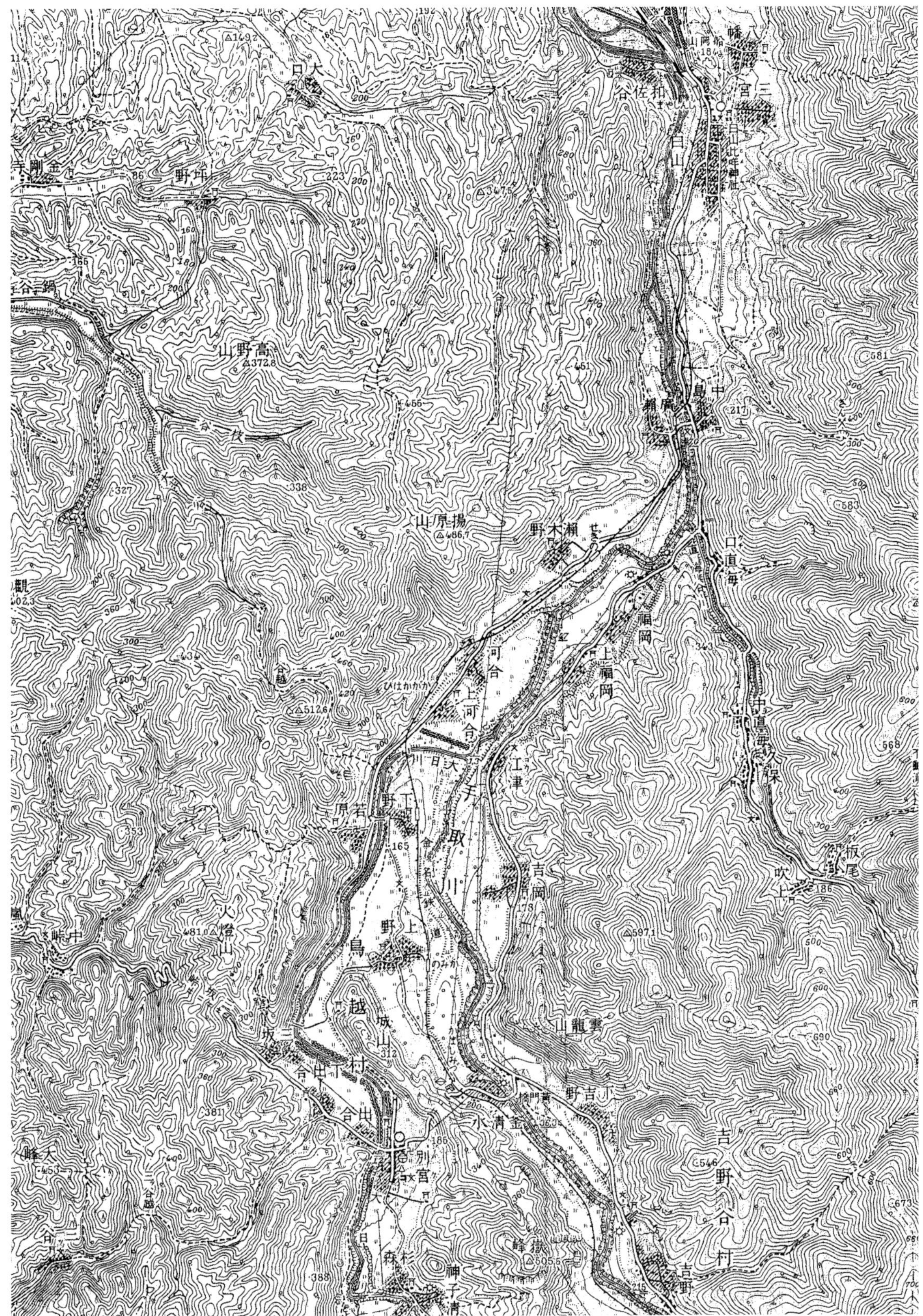

【金名線　昭和6(1931)年】金名線は地図の上の方にある神社前駅(のちの加賀一の宮駅)から白山下に通じていた。この地図では終点までは入っていないが、両側が山で、手取川によって削られた平地を上流へ南下していく線路が見て取れる。神社前の北側は石川鉄道として開業し、この時点では金沢電気軌道、南側が金名鉄道であるが、地図の線路表示が金沢電気軌道の部分が国鉄、金名鉄道の部分が私鉄のような表示である。

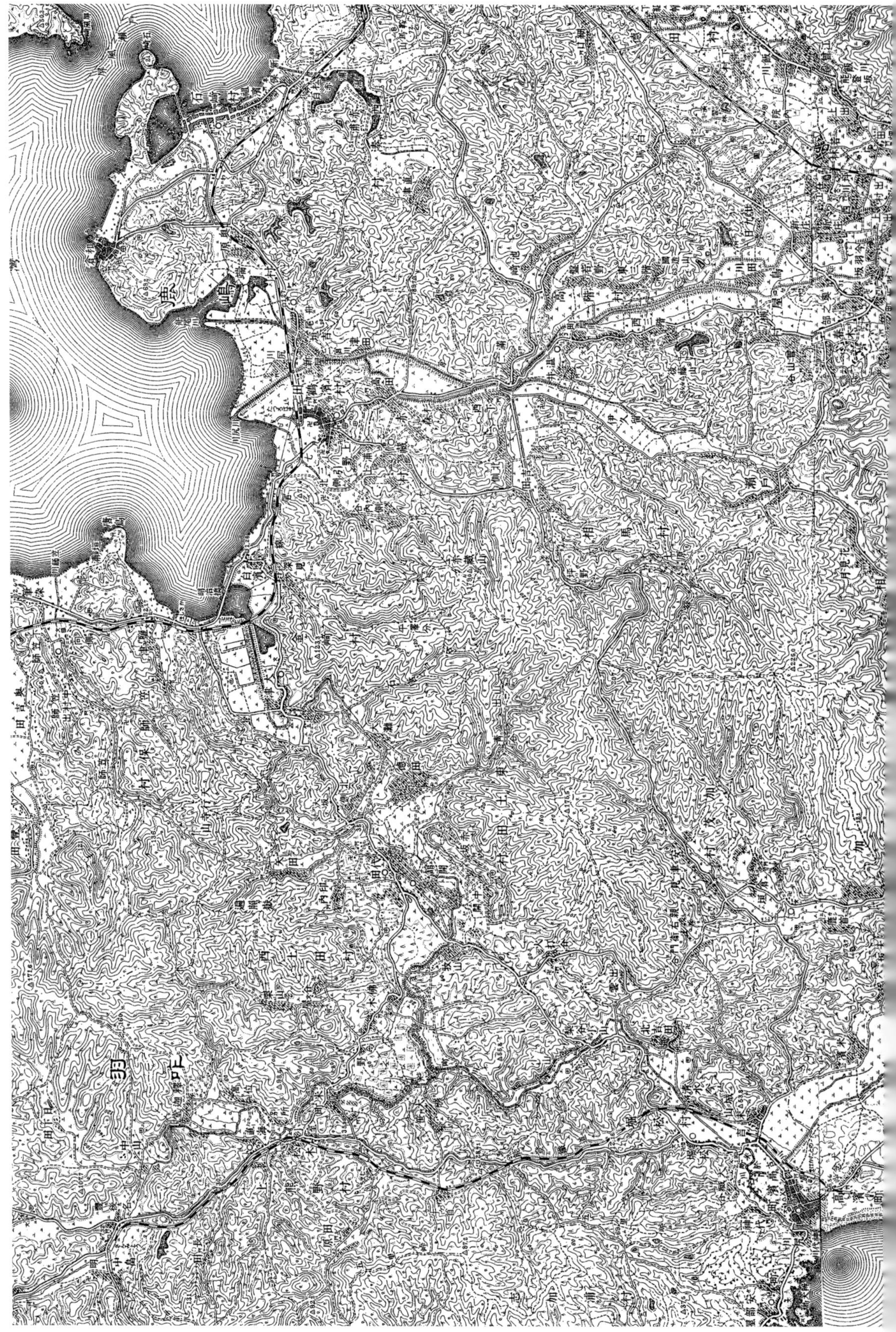

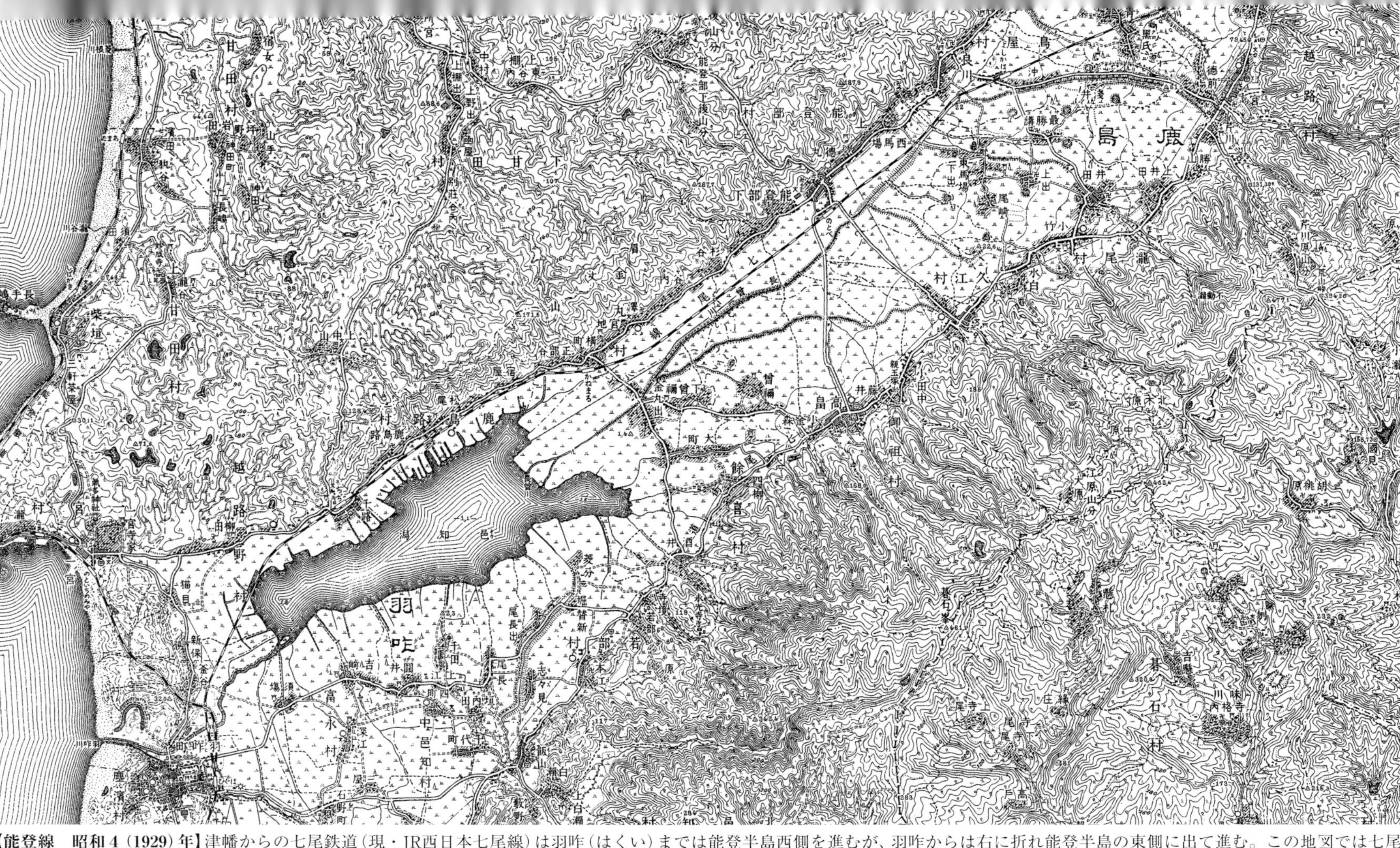

【能登線　昭和4（1929）年】津幡からの七尾鉄道（現・JR西日本七尾線）は羽咋（はくい）までは能登半島西側を進むが、羽咋からは右に折れ能登半島の東側に出て進む。この地図では七尾線はまだ七尾までで、輪島まで開通するのは昭和10（1935）年である。能登鉄道（のちの北陸鉄道能登線、和倉温泉～穴水の三セクのと鉄道のことではない）は羽咋から北上して富来（とぎ）、輪島を目指していたが、三明（さんみょう）から先の開通はできず廃止になった。羽咋の町・駅舎は線路の西側で、駅前の西200mのところにはこの町の名前の由来ともいえる羽咋神社・御料山古墳がある。羽咋駅では能登線は東側に発着していた。その東側には機回し線、ヤード、能登線の車庫があった。能登線は羽咋を出発すると小浦川、羽咋川を渡り、七尾線をオーバークロス、能登一の宮から能登高浜まで海に沿って走り、そのあとは内陸部に入り終点三明に向かった。能登線の線路跡は大部分がサイクリングロードになっている。

【浅野川線、金石線　昭和6（1931）年】地図の右下に位置する金沢の町から日本海に向かって走る２つの路線がある。右上の浅野川に沿って北上、粟崎海岸へ行く浅野川線と、北西方向の金石、大野港へ向かう金石線で、どちらも終点付近はかつて北前船の寄港地だった。金石線が進む直線の道は前田藩三代目藩主前田利常によりつくられたもので、犀川河口で栄えた宮腰（みやのこし）と金沢城まで一直線の道路で宮越往還または金石（かないわ）街道などとよばれた。宮腰はのちに金石町になっている。地図では金石線は金石電気軌道とあり、駅、停留所名は終点大野港が「おほのかう」と記載されているが、起点の中橋を含め途中の駅、停留所名は記されていない。金石線は昭和46（1971）年に廃止された。浅野川線は浅野川電鉄と表記されている。終点の粟ヶ崎海岸は海水浴場の目の前で、季節営業であった。現在の内灘駅は粟崎遊園と新須崎の間のカーブ付近である。金沢の宝塚ともいえる粟崎遊園は、戦時中に軍に接収され廃止されてしまった。

【尾小屋鉄道　昭和6（1931）年】左上の新小松からは東西に白山電気鉄道の路線が目立つが、この地図は新小松から尾小屋まで尾小屋鉄道の全線が載っている。尾小屋鉄道は北陸本線の線路に並行して設けられた新小松を出ると、すぐにR100のカーブで左、東の方に向かう。水田の中をしばらく進んで吉竹を過ぎると、曲線が多くなり山間に入る。五国寺（ごこうじはのちに西大野に改称）の次の大杉谷口を過ぎると、梯川（かけはしがわ）を渡る。その後、梯川の支流の郷谷川（ごうたにがわ）に沿って尾小屋に向かう。尾小屋駅の約1㎞先に尾小屋鉱山が記載されている。

あとがき

第16巻「北陸の電車たち２」をお届けいたします。富山、石川、福井の北陸３県にはそれぞれ個性的な私鉄が存在しています。今回はその中から石川県の北陸鉄道を中心に取り上げてみました。両隣県の鉄道に対して県名を冠しないのは、石川県には県都金沢市があり、金沢市が北陸の中心であるという自負から「北陸鉄道」という名前になったのだと思います。

さて北陸鉄道は戦時中にできた、石川県下の多くの鉄道を前身とする鉄道の集合体です。そのほとんどが電気鉄道であり、直流600Ｖに統一されていました。それらの鉄道の多くは比較的規模が小さく、地方の過疎化に合わせるように、また道路事情の劇的な改善によって、その地位を失い撤退する路線が増え、現在残っているのは２路線だけになりました。それまで、それぞれの鉄道から引き継いだ車両はまちまちで、かなり疲弊しているものも多くありました。また戦後、各線区ごとに１・２両の新造車を配っていましたので、車種は複雑です。さらに路線の廃止等に合わせて車両の移動転籍も盛んで、これらを追いかけるのは至難でした。おまけに北陸鉄道には「北鉄工場」があり、車両検修技術は昔から優れていましたから、車両の改造の技術にも長けていました。また、戦後しばらく盛んだった中小の出張工事専門の車両メーカーの存在も忘れられません。これらの複雑な車両を追いかけるのは至難の業で、僕が知り得る範囲の多くの方々にご協力いただいても果たせないで終わっています。なお、ご覧いただくと明らかにおかしな点に気づかれたことと思います。ひとつは「昭和30～50年代・・」とうたいながら松任から金沢市に向かった松金線についてほとんど触れませんでした。それは僕が北陸鉄道を訪問したときにはすでになくなっていた（昭和30（1955）年11月廃止）わけで、石川総線の野々市でそれらしい痕跡を垣間見ただけにすぎませんでした。また本著では北陸鉄道の中心たる石川総線から始めず、いち早く撤退してしまった加南線からスタートしています。このことをお話すれば、僕が最初に見た北陸鉄道だったからなのです。またあのころ、北陸鉄道は加南線に積極的に新車を投入していましたし、昭和30年代の北陸鉄道を語るについてどうしても最初に登場して欲しかったからにほかなりません。

ご一読いただき、ご指摘いただければと思います。

尾小屋鉄道は廃止後多くの車両が残った幸せな鉄道です。その中で東京大学の鉄道研究会ＯＢ会の手で２両の車両が残されました。昭和52(1977)年のことです。このときのエピソードを赤門鉄道愛好会の石本祐吉氏にお願いしました。秘蔵写真をご覧ください。

次号は第26巻「中国地方の私鉄」を取り上げます。九州には何度も行くのにいつもやり過ごしていた地域です。岡山、広島、山口、島根、鳥取の各県の私鉄を早回りします。この地域は市内電車が元気な地域でもありますが、これらは別の機会にさせていただきます。ご期待ください。

2022年２月20日　髙井薫平

参考文献

西脇恵　北陸鉄道金沢市内線　鉄道ピクトリアル　135　電気車研究会　1962/08
　世界の鉄道 64　朝日新聞社　1963/09
宮田雄作　能登線の車両たち　鉄道ファン　46　交友社　1965/04
　世界の鉄道 66　朝日新聞社　1965/09
鹿島信弘他　その後の金沢市電の車両　鉄道ファン　474　交友社　1967/08
西脇恵　私鉄車両めぐり 77　鉄道ピクトリアル　215,216他　電気車研究会　1968/11
　世界の鉄道 70　朝日新聞社　1969/09
　世界の鉄道 74　朝日新聞社　1974/09
服部重敬　北陸鉄道車輌現況　レイル　1980夏　プレスアイゼンバーン　1980/06
宮田雄作　昭和24・30年代の北陸鉄道の車輌　レイル　1980夏　プレスアイゼンバーン　1980/06
湯口徹　簸上鉄道のボギー客車　鉄道史料　27　鉄道史資料保存会　1982/07
湯口徹　長州・長門及び簸上鉄道のボギー客車追記　鉄道史料　34　鉄道史資料保存会　1984/05
花井正弘　尾鉄よ永遠なれ 新装版　草原社　1992/12
藤岡雄一　THE GUIDE OF 全国私鉄ディーゼル機関車　鉄道ピクトリアル　鉄道図書刊行会　1996/05
髙井薫平　軽便追想 根室拓殖鉄道・十勝鉄道　ネコ・パブリッシング　1997/04
　地方鉄道の瓦斯倫気動車(VI)　鉄道史料　9　鉄道史資料保存会　1997/10
湯口徹　丹波の煙 伊勢の径　下　レイル　40　プレスアイゼンバーン　2000/03
田尻弘行・阿部一紀・亀井秀夫　買収国電（車形の電車たち）　鉄道ピクトリアル　臨時増刊　鉄道図書刊行会　2000/04
山本宏之　温泉電軌車両史　鉄道ピクトリアル　701　鉄道図書刊行会　2001/05
山本宏之　北陸鉄道　鉄道ピクトリアル　701　鉄道図書刊行会　2001/05
湯口徹　北陸道 点と線（下）　レイル　46　プレスアイゼンバーン　2003/10
湯口徹　内燃機動車発達史 上　ネコ・パブリッシング　2005/01
湯口徹　内燃機動車発達史 下　ネコ・パブリッシング　2005/08
湯口徹　戦後生まれの私鉄機械式気動車 上　RM LIBRARY　87　ネコ・パブリッシング　2006/11
湯口徹　戦後生まれの私鉄機械式気動車 下　RM LIBRARY　88　ネコ・パブリッシング　2006/12
寺田裕一　私鉄の廃線跡を歩く3 北陸・上越・近畿編　JTBパブリッシング　2008/04
寺田裕一　尾小屋鉄道　RM LIBRARY　116　ネコ・パブリッシング　2009/04
寺田裕一　ローカル私鉄車輌２０年 西日本編　JTBパブリッシング　2011/07
沖田祐作　機関車表 フル・コンプリート版　ネコ・パブリッシング　2014/02
和久田康雄　私鉄史研究資料　電気車研究会　2014/04
湯口徹　私鉄のボギー客車(8)　RAIL FAN　740　鉄道友の会　2015/12
岡本典之　ニチユ機関車図鑑　イカロス出版　2017/12
寺田裕一　北陸鉄道能美線　RM LIBRARY　230　ネコ・パブリッシング　2018/10
寺田裕一　北陸鉄道金名線　RM LIBRARY　231　ネコ・パブリッシング　2018/11
清水武・田中義人　名古屋鉄道車両史 下　アルファベータブックス　2019/09
牧野和人　北陸の鉄道　アルファベータブックス　2020/03
寺田裕一　北陸鉄道小松線　RM LIBRARY　242　ネコ・パブリッシング　2020/04
西脇恵・泉竜太郎　よみがえる記憶 北陸の鉄路　中日新聞社　2020/07
日本路面電車同好会　路面電車 半世紀の歩みとともに　電気車研究会　2021/10

車両諸元表

（作成：亀井秀夫）

諸元表注記

車体寸法：単位mm 小数点以下四捨五入　長さ：連結面寸法・最大幅：入口ステップを含む・最大高：集電装置ある車はその折り畳み高さ

自重：単位 ton 小数点以下1位に四捨五入・機関車は運転整備重量とする。

定員：例 80（30）総定員80名内座席定員30名、冬季座席定員が変更される車両がある。

台車：製造所略称・形式 形式名称のないものは台枠構造等を表示、TR形式は国鉄型台車を表す ／ 軸距：単位mm 小数点以下四捨五入

制御器：製造所略称・形式名のないものは接触器種類を表す

主電動機：製造所略称・出力kw×個数 小数点以下1位に四捨五入

車両履歴：年号　M 明治　T 大正　S 昭和　H 平成 ／

製造所略称：（Brill）J.G.Brill and Company、（BW）Baldwin Locomotive Works、
（EE）English Electric・GEC、（GE）General Electric Company、
（WH）Westinghouse Electric Corporation、（いすゞ）いすゞ自動車、
（伊那電鉄松島工場）伊那電気鉄道松島工場、（梅鉢鉄工）梅鉢鐵工所、（枝光鉄工）枝光鉄工所、
（加藤車輌）加藤車輌製作所、（川崎電機）川崎電機製造、（汽車会社）汽車會社製造、（汽車会社東京）
汽車會社製造東京支店、（木南車輌）木南車輌製造、（小島工業所）小島栄次郎工業所、（芝浦）東京芝浦電気、
（住友製鋼）住友製鋼所、（東洋電機）東洋電機製造、（東洋レーヨン）東洋レーヨン滋賀工場、
（名古屋電車）名古屋電車製作所、（新潟鉄工）新潟鐵工所、（日産）日産自動車、（日鉄自）日本鉄道自動車工業、
（日本車輌）日本車輌製造、（日本車輌支店）日本車輌製造東京支店、（日本車輌本店）日本車輌製造名古屋、
（日立）日立製作所、（日野）日野ディー　ゼル工業、（藤永田造船）藤永田造船所、（松井車輌）松井車輌製作所、
（三菱）三菱電機、（名鉄新那加）名古屋鉄道那加車庫、（名鉄住商）名鉄住商工業、
（メトロポリタン）Metropolitan Railway Carriage & Wagon Company

前所有：（江ノ島電鉄）江ノ島電気鉄道、（琴平参宮）琴平参宮電鉄、（武蔵中央）武蔵中央電鉄、（余市臨港）余市臨港鉄道、（若松市営）若松市営軌道

諸元表各項は極力廃車時のデータの採用に努めたが、不明な場合は新製時のデータ等を記載するか空白とする。

北陸鉄道鉄道車両諸元表(電気機関車・電車)

項目	形式	番号	昭和30年以降在籍線区	車体寸法			自重(荷重)ton	定員(座席)軸配置	台車			制御器		主電動機		
				最大長mm	最大幅mm	最大高mm			製造所	形式	軸距mm	製造所	形式 制御方式	製造所	形式	出力k ×台数
1	EB10	EB101	石川総線	8,712	2,134	3,882	7.2	S	Brill		2,143		KR-8 直接制御	GE	GE-258-B2	18.7×2
2	EB11	EB111	石川総線	9,144	2,638	3,673	8.0	S	Brill	21E	2,743		KR-8 直接制御	芝浦	SE-116-F	22.0×2
3	EB12	EB121	石川総線	8,941	2,584	3,858	12.0	BB	日本車輌	C			KR-8 直接制御	三菱電機	MB-86-A	37.3×2
4	EB12	EB122	石川総線	8,941	2,584	3,858	12.0	BB	Brill	27-GE-1	1,372		KR-8 直接制御	三菱電機	MB-86-A	37.3×2
5	EB12	EB122	金石線	8,941	2,584	3,858	12.0	S		Brill 21E系	3,962		KR-8 直接制御	三菱電機	MB-86-A	37.3×2
6	EB12	EB123	金石線	8,941	2,584	3,913	12.0	S		Brill 21E系	3,962		KR-8 直接制御			37.3×2
7	EB13	EB131	石川総線	9,974	2,620	3,901	13.9	S		Brill 21E系	3,962		KR-8 直接制御			37.3×2
8	EB22	EB221	加南線→浅野川線	8,144	2,310	3,930	13.3	BB	Brill		1,510		KR-8 直接制御	三菱	MB-86A	37.3×2
9	EB30	EB301	金石線	9,974	2,630	3,901	15.7	BB	Brill	27-GE-1	1,372		KR-8 直接制御	三菱	MB-86-A	37.3×4
10	EB30	EB301	金石線	7,040	2,100	3,675	15.0	BB			1,220	芝浦	RB-200 直接制御	川崎電機	K6-503-E	37.3×2
11	ED20	ED201	石川総線	9,430	2,500	3,389	23.5	BB		KS-30L	1,370	GE	K-38	三菱	MB-64C	48.5×4
12	ED21	ED211	金石線	9,380	2,584	3,978	17.0	BB	Brill	27-GE-1	1,372		HL-74 間接非自動制御			37.3×4
13	ED23	ED231	石川総線	9,974	2,630	3,901	15.7	BB	Brill	27-GE-1	1,372		KR-8 直接制御	三菱	MB-86-A	37.3×4
14	ED23	ED231	金石線	9,974	2,620	3,985	18.7	BB	Brill	27-GE-1	1,372		HL-74D 間接非自動制御	三菱	MB-172NR	37.3×
15	ED25	ED251	石川総線	9,416	2,525	3,849	23.5	BB	Brill	27-GE-1	1,370		HL-84-6D 間接非自動制御	三菱	MB-64C	48.5×
16	ED30	ED301	石川総線	11,600	2,900	3,960	30.0	BB		#1TR	2,450		HL-74D 間接非自動制御	東洋電機	TDK565-A	75.0×
17	ED30	ED301	石川総線	14,150	2,700	3,960	30.0	BB	住友金属	#1FS342	2,100		HL-74D 間接非自動制御	日立	HS-836-Frb (MT54)	120.0×
18	ED31	ED311	石川総線	11,050	2,405	3,884	30.0	BB		TR14	2,450		HL-84-6D 間接非自動制御	芝浦	SE-102	78.3×
19	サハ300	301	小松線	7,810	2,360	3,400	6.0	42(18) S			3,500					
20	サハ300	302	小松線	7,460	2,360	3,400	6.0	42(18) S			3,500					
21	サハ500	501	金石線	9,982	2,438	3,569	8.9	54(34)	日本車輌	菱枠型	1,422					
22	サハ510	511	小松線	9,982	2,438	3,569	8.9	54(34)	日本車輌	#1菱枠型	1,422					
23	サハ520	521	金石線	9,982	2,438	3,569	9.9	54(34)	日本車輌	菱枠型	1,422					
24	サハ530	531	金石線	10,588	2,010	3,302	6.0	54(34)		菱枠型						
25	サハ550	551	金石線	9,982	2,438	3,569	9.9	54(34)	日本車輌	菱枠型	1,422					
26	サハ550	552	加南線→金石線	9,982	2,438	3,569	9.9	54(34)	日本車輌	菱枠型	1,422					
27	サハ560	561	加南線	9,830	2,438	3,583	8.9	58(28)		菱枠型	1,422					
28	サハ560	562	加南線	9,830	2,438	3,583	8.9	58(28)	日本車輌	#1菱枠型	1,422					
29	サハ570	571	小松線	13,078	2,438	3,712	12.0	80(40)	Brill	76E	1,473					
30	サハ600	601	石川総線	12,588	2,516	3,574	10.0	72(30)	三山車輌 改造							
31	サハ600	602	石川総線	12,588	2,516	3,574	10.0	72(30)	三山車輌 改造							
32	サハ600	603	石川総線	12,588	2,516	3,574	10.0	72(30)	三山車輌 改造							
33	サハ600	604	金石線	12,588	2,516	3,574	10.0	72(30)	三山車輌 改造							
34	サハ600	605	金石線	12,588	2,516	3,574	10.0	72(30)	三山車輌 改造		#1 1,900					
35	サハ600	606	浅野川線	12,588	2,516	3,574	10.0	72(30)	三山車輌 改造							
36	サハ610	611	石川総線	16,777	2,705	3,880	25.0	98(75)		TR10	2,438					
37	サハ610	612	石川総線	16,777	2,705	3,880	25.0	98(75)		TR10	2,438					
38	サハ650	651	石川総線													
39	サハ700	701	小松線	9,960	2,510	3,695	11.0	60(22) S	Brill	21E	2,734					
40	サハ1000	1001	石川総線	15,500	2,710	3,670	22.0	100(44)	日鉄自	NT-28B	1,980					
41	サハ1000	1002	石川総線	15,500	2,710	3,670	22.0	100(44)	日鉄自	NT-28B	1,980					

車両履歴									備考
製造所	製造年月	#設計 認可 竣功届	改造所	#認可年月 改造年月	改造内容	前所有	旧番号	廃車年月 (用途 廃止)	
林鉄工	T04.10		自社工場	S34.--	電気機関車化 車体中央片開き扉設置		モヤ531	S40.01	松金電車鉄道 デ3(T05.--)→金沢電気軌道 53(T09.03) →ニカ53(T12.06)→デ53(S02.10)→モハ531(S24.10) →モヤ531(S26.--)→EB101(S34.--)→廃車
古屋電車	T01.--		自社工場	#S34.06	電気機関車化			S40.01	温泉電気軌道 2→デハ2(S04.07)→北陸鉄道 デハ2(S18.10) →モハ551(S24.10)→モヤ551(S31.09)→EB111(S34.06)→廃車
本車輌	T13.12	#T13.10	自社工場	S34.--	車体半鋼製化・ 車種変更			S46.12	能美電気鉄道 デ1→金沢電気軌道 デ1→北陸鉄道 モハ541(S24.10) →モヤ541(S28.--)→EB121(S34.--)→廃車
本車輌	T13.12	#T13.10	自社工場	S34.--	車体半鋼製化・ 車種変更		モヤ542		能美電気鉄道 デ2→金沢電気軌道 デ2(S14.08)→デハ301(S17.--) →北陸鉄道 モハ542(S24.10)→モヤ542(S28.--)→EB122(S34.--) →モハ1301(S44.--)　項目82参照
本車輌	T13.12	#T13.10	自社工場	S45.--	電動貨車化		モハ1301	S46.10	能美電気鉄道 デ2→金沢電気軌道 デ2(S14.08)→デハ301(S17--) →北陸鉄道 モハ542(S24.10)→モヤ542(S28.--)→EB122(S34.--) →モハ1301(S44.--)→EB122(S45.--)→廃車
本車輌	T13.12	#T13.10	自社工場	#S39.07	車体半鋼製化・ 車種変更				能美電気鉄道 デ3→金沢電気軌道 デ3→北陸鉄道 モハ543(S24.10) →EB123(S38.--)→　項目12参照
本車輌	S05.06	#S05.06	自社工場	S34.--	車種変更 電気機関車化(半鋼製車体)		モヤ621		能美電気鉄道 デ8→金沢電気軌道 デ8(S14.08)→北陸鉄道 モハ631(S24.10) →モハ621(S26.--)→モヤ621(S28.--)→EB131(S34.--)　→　項目13参照
鍋鉄工	S03.09			#S43.01			モヤ503	S48.01	小松電気鉄道 デ3(S03.12)→北陸鉄道 デ3(S20.07)→モハ503(S24.10) →モヤ503(S32.--)→鋼体化(S36.--)→EB221(S41.--)　→廃車(S48.01)
本車輌	S05.06	#S05.06		S43.11	車体改造		ED231		能美電気鉄道 デ8→金沢電気軌道 デ8(S14.08) →北陸鉄道 モハ631(S24.10)→モハ621(S26.--) →モヤ621(S28.--)→EB131(S34.--)→ED231(S41.--) →EB301(S43.11)→　項目12参照
工場 鉄自)	#1S31.01 (S26.--)	#S30.11				若松市営	1or2	S45.03	前所有不明⇒*2若松市営軌道 1or2(S11.05 使用開始)→廃車(S25.03) ⇒日鉄自(S26.--)⇒北陸鉄道 EB301(S30.11)→廃車 #1 書類上 #2 馬来工業改造
車輌	S13.04	#S13.03	自社工場	S37.- S61.--	機械室部分拡張工事 スノープラウ可動装置設置				金沢電気軌道 ED1→温泉電軌貸出(S16.--)→北陸鉄道 ED1(S18.10) →ED201(S24.10)→
車輌	T13.12	#T13.10	自社工場	#S42.08			EB123	S46.10	能美電気鉄道 デ3→金沢電気軌道 デ3→北陸鉄道 モハ543(S24.10) →EB123(S38.--)→ED211(S42.--)→廃車
車輌	S05.06	#S05.06	自社工場	S41.07	ボギー化・側面客室窓 鉄板張改造		EB131		能美電気鉄道 デ8→金沢電気軌道 デ8(S14.08) →北陸鉄道 モハ631(S24.10)→モハ621(S26.--)→モヤ621(S28.--) →EB131(S34.--)→ED231(S41.07)→　項目14参照
車輌	S05.06	#S05.06	自社工場	#S45.02	間接非自動制御・ 主電動機変更		EB301	S46.10	能美電気鉄道 デ8→金沢電気軌道 デ8(S14.08) →北陸鉄道 モハ631(S24.10)→モハ621(S26.--)→モヤ621(S28.--) →EB131(S34.--)→ED231(S41.--)→EB301(S43.11) →ED231(S45.02)→廃車
車輌	S18.10						モワ501		北陸鉄道 デワ18(S18.10)→モワ201(S24.10)→モワ501→ED251(S26.11) →項目18参照
工機	S29.10	#S29.12							#1国鉄キハニ36450形TR14タイプ(台車側枠H型鋼使用)→　項目17参照
工機	S29.10		自社工場	H06.02	台車・主電動機変更			H22.04	#1西武鉄道モハ701形　若桜鉄道隼駅 保存(H22.11)
車輌	S18.10		自社工場	S36.-- S43.11	ED251 台枠流用 鋼製車体新製 台車変更 ＫＳ30Ｌ⇒TR14		ED251	S48.06	北陸鉄道 デワ18(S18.10)→モワ201(S24.10)→モワ501→ED251(S26.11) →ED311(S34.--)→廃車
工業所 車輌	S08.04		東京工業所	#S18.10	機関撤去・扉増設	余市臨港	キハ101	S38.12	余市臨港鉄道 キハ101⇒金沢電気軌道 ハフ30(S18.10) →北陸鉄道 サハ301(S24.10)→廃車
工業所 車輌	S08.04		東京工業所	#S18.10	機関撤去・扉増設	余市臨港	キハ102	S38.12	余市臨港鉄道 キハ102⇒金沢電気軌道 ハフ31(S18.10) →北陸鉄道 サハ302(S24.10)→廃車
車輌本店	T05.07				中妻、貫通路撤去・ 箱型車体改造	鉄道省	コハフ2470	S31.12	簸上鉄道 ホハ4⇒鉄道省 買収 コハ2470(S09.08.01)→廃車 ⇒金石電気鉄道 ハ13(S13.--)→北陸鉄道 ハ13→サハ501(S24.10)→廃車
車輌本店	T05.07				中妻、貫通路撤去・ 箱型車体改造	鉄道省	コハフ2473	S40.10	簸上鉄道 ホハ3→ホハ7(T13.08)⇒鉄道省 買収 コハ2473(S09.08.01) →廃車⇒金石電気鉄道 ハ12(S13.--)→北陸鉄道 ハ12(S18.10) →サハ511(S24.10)→廃車　#1野上式弾機付
車輌本店	T13.08				中妻、貫通路撤去・ 箱型車体改造	鉄道省	コハフ2476	S40.01	簸上鉄道 ホハ10⇒鉄道省 買収 コハ2476(S09.08)→廃車 ⇒金石電気鉄道 ハ14(S13.--)→北陸鉄道 ハ14→サハ521(S24.10)→廃車(S40.01)
鉄工所	T04.10							S30.06	金石電気鉄道 4→北陸鉄道 ハフ4(S18.10)→サハ531(S24.10)→廃車
車輌本店	T13.08				中妻、貫通路撤去・ 箱型車体改造	鉄道省	コハフ2474	S40.01	簸上鉄道 ホハ8→鉄道省買収 コハ2474(S09.08)→金名鉄道 コハ1(S12.06) →北陸鉄道 コハ1(S18.10)→ホハ2001(S24.10)→サハ551(S25.03) →更新修繕(S29.--)→廃車
車輌本店	T13.08		自社工場	S29.--	中妻、貫通路撤去・ 箱型車体改造	鉄道省	コハフ2475	S40.11	簸上鉄道 ホハ9→鉄道省買収 コハ2475(S09.08)→金名鉄道 コハ2(S12.06) →北陸鉄道 コハ2(S18.10)→ホハ2002(S24.10)→サハ552(S25.03)→廃車
車輌本店	T05.07				中妻、貫通路撤去・ 箱型車体改造	鉄道省	コハフ2471	S40.01	簸上鉄道 ホハ5→鉄道省買収 コハ2471(S09.08.01) →温泉電気軌道 ハ7(S12.10)→北陸鉄道 ハ7(S18.10) →サハ561(S24.10)→廃車
車輌本店	T07.09				中妻、貫通路撤去・ 箱型車体改造	鉄道省	コハフ2472	S37.06 S40.01	簸上鉄道 ホハ6→鉄道省買収 コハ2472(S09.08.01) →温泉電気軌道 ハ8(S12.10)→北陸鉄道 ハ8(S18.10) →サハ562(S24.10)→廃車　#1野上式弾機付
製作所	T11.12			S32.09	電装解除　付随車化		モハ841	S40.01	温泉電気軌道 B15(T11.11)→デロハ15(S06.10)→デハ15(S10.02) →北陸鉄道 モハ841(S24.10)→サハ571(S32.09)→廃車
車輌		#S25.04						S31.12	名古屋市交通局 LB形(旧番不詳)⇒北陸鉄道 ハフ21(S20.--～S22.--) →サハ601(S24.10)→廃車
車輌		#S25.04						S31.12	名古屋市交通局 LB形(旧番不詳)⇒北陸鉄道 ハフ22(S20.--～S22.--) →サハ602(S24.10)→廃車
車輌		#S25.04						S33.08	名古屋市交通局 LB形(旧番不詳)⇒北陸鉄道 ハフ23(S20.--～S22.--) →サハ603(S24.10)→廃車
車輌		#S25.04							名古屋市交通局 LB形(旧番不詳)⇒北陸鉄道 ハフ24(S20.--～S22.--) →サハ604(S24.10)→　項目56参照
車輌		#S25.04						不詳	名古屋市交通局 LB形(旧番不詳)⇒北陸鉄道 ハフ25(S20.--～S22.--) →サハ605(S24.10)→廃車 #1 三軸ボギー台車ヲ二軸ボギー台車ニ改造　軸距ハ竣功図ニヨル
車輌		#S25.04							名古屋市交通局 LB形(旧番不詳)⇒北陸鉄道 ハフ26(S20.--～S22.--) →サハ606(S24.10)→　項目57参照
車輌	T14.02							S31.05	能登鉄道 ホハ1→北陸鉄道 ホハ1(S18.10)→ホハ2101(S24.10) →サハ611(S28.--)→台枠・台車流用 車体鋼製化 サハ2001(S31.05)
車輌	T14.02							S32.01	能登鉄道 ホハ2→北陸鉄道 ホハ2(S18.10)→ホハ2102(S24.10) →サハ612(S28.--)→台枠・台車流用 車体鋼製化 サハ2002(S32.01)
			太平車輌	S24.08		国鉄	ホハ12000形	S40.01	北陸鉄道 ホハ3001(S24.--)→サハ651(S27.--) →サハ611 車号振替(S30.--)→廃車
輌本店	S12.08		自社工場	S36.--	付随車化		モハ611	S40.10	金石電気鉄道 11(S13.04)→北陸鉄道 デ11(S18.10) →モハ611(S24.10)→サハ701(S36.--)→廃車(S40.10)
輌本店	S31.09 S32.--								北陸鉄道 サハ1001→　項目122参照
輌本店	S31.09								北陸鉄道 サハ1002→　項目121参照

項目	形式	番号	昭和30年以降在籍線区	車体寸法 最大長 mm	車体寸法 最大幅 mm	車体寸法 最大高 mm	自重(荷重) ton	定員(座席) 軸配置	台車 製造所	台車 形式	台車 軸距 mm	制御器 製造所	制御器 形式 制御方式	主電動機 製造所	主電動機 形式	主電動機 出力kW ×台数
42	サハ1600	1601	小松線	14,719	2,591	3,689	24.3	100(44)	日鉄自	NT-28B	1,980					
43	サハ1650	1651	浅野川線													
44	サハ1650	1652	浅野川線													
45	サハ2000	2001	石川総線	16,830	2,648	3,716	24.0	110(54)		TR10	2,438					
46	サハ2000	2002	石川総線	16,800	2,645	3,661	23.0	110(54)		TR10	2,438					
47	クハ500	501	浅野川線	15,876	2,642			110(40)	住友製鋼	KS30L ST43	2,134					
48	クハ1000	1001	加南線→石川総線) →浅野川線	15,600	2,710	3,655	21.0	110(46)	日本車輌	ND-4A	2,100					
49	クハ1100	1101	石川総線→金石線	14,840	2,720	3,816	19.2	100(38)	日本車輌	A-1	1,524					
50	クハ1150	1151	石川総線					100(48)		TR14	2,450					
51	クハ1150	1152	石川総線													
52	クハ1200	1203	加南線→片山津線 →浅野川線	15,380	2,475	3,750	21.5	110(38)	日本車輌	ND-7A	2,000					
53	クハ1210	1211	石川総線→浅野川線	16,830	2,648	3,880	24.4	110(48)	日本車輌	D-16	2,100					
54	クハ1210	1212	浅野川線	16,800	2,645	3,880	23.1	110(48)	日本車輌	ND-7A	2,000					
55	クハ1300	1301	浅野川線	17,350	2,800		28 25.1	100(48) 87	日本車輌	ND-7A	2,000					
56	クハ1500	1501	金石線													
57	クハ1600	1601	浅野川線	15,630	2,640	3,840	20.0	110(40)	日鉄自	NT-28B	1,980					
58	クハ1600	1602	浅野川線→加南線	15,630	2,640	3,840	21.7	110(40)	日鉄自	NT-28B	1,980					
59	クハ1600	1603	金石線→河南線	15,630	2,640	3,840	21.7	110(40)		NT-28B	1,980					
60	クハ1650	1651		16,220	2,708	3,620	180.0	120(54)		TR26	1,800					
61	クハ1650	1652		16,220	2,708	3,620	180.0	120(54)		TR26	1,800					
62	クハ1710	1711	石川総線→浅野川線	16,830	2,648	4,104	24.1	110(48)		TR10	2,438					
63	クハ1710	1712	石川総線→浅野川線	16,800	2,645	3,880	23.0	110(48)		TR10	2,438					
64	クハ1720	1721	石川総線	18,450	2,714	3,870	27.8	158(62)	日本車輌	D-16	2,100					
65	クハ1720	1722	石川総線	18,450	2,714	3,870	27.8	158(62)	日本車輌	D-16	2,100					
66	クハ1720	1723	石川総線	18,450	2,714	3,870	27.8	158(62)	日本車輌	D-16	2,100					
67	クハ1720	1724	石川総線	18,450	2,714	3,870	28.1	158(62)		TR11	2,450					
68	モハ500	501	小松線	8,144	2,540	3,885	11.3	40(22) S	Brill	21E	2,743	三菱	KR-8 直接制御			37.3
69	モハ500	502	小松線	8,144	2,540	3,885	11.3	40(22) S	Brill	21E	2,743	三菱	KR-8 直接制御			37.3
70	モハ500	503	小松線	8,144	2,540	3,885	11.3	40(22) S	Brill	21E	2,743	三菱	KR-8 直接制御			37.3
71	モハ540	543	金石線	8,941	2,590	3,740	12.9	40(24) S			3,962		KR-8 直接制御			37.3
72	モハ550	551	小松線	8,534	2,438	3,543	40(30)	40(30) S			2,438		直接制御			26.1
73	モハ610	611	金石線	9,960	2,510	3,695	13.5	66(22) S	Brill	21E	2,734					
74	モハ800	802	松金線	10,692	2,430	3,720	14.0	68(28)						東洋電機	TDK31	37.3
75	モハ810	811	金石線	11,060	2,423	3,850	13.2	60(36)			1,470	GE	GE-40A 直接制御		MT-60	37.3
76	モハ840	841	加南線	13,078	2,438	3,887	14.7	80(40)	Brill	76E	1,473	WH	B54-C 直接制御	WH	WH-544J1	37.3
77	モハ850	851	浅野川線	15,876	2,642	3,882	31.6	84(52)	汽車会社	TR14系	2,438	WH	HL 間接非自動制御	芝浦	SE-102	78.3
78	モハ850	852	浅野川線	15,876	2,642	3,882	31.6	84(52)	汽車会社	KS30L #1NT-28B	1,980	三菱	HL 間接非自動制御	芝浦	SE-102	78.3
79	モハ1000	1001	石川線・能美線→ 松金線→小松線	11,800	2,740	3,965	17.5	80(30)	日鉄自	NT-28B	1,990	芝浦	RB-200 直接制御	明電舎	MT-60	45.
80	モハ1000	1002	石川線・能美線→ 松金線→小松線	11,800	2,740	3,965	17.5	80(30)	日鉄自	NT-28B	1,990	芝浦	RB-200 直接制御	明電舎	MT-60	45.
81	モハ1200	1201	金石線→小松線	11,759	2,524	3,880	21.0	70(30)	Brill	27GE1	1,370	日立	DR-BC 直接制御	日立	HS-306D	37.
82	モハ1300	1301	金石線	8,941	2,584	4,050	13.3		Brill		1,510		KR-8 直接制御	三菱電機	MB-172NR	37.

車両履歴 製造所	製造年月	#設計 認可 竣功届	改造所	#認可年月 改造年月	改造内容	前所有	旧番号	廃車年月 (用途 廃止)	備考
本車輌本店	S02.06		自社工場	#S40.12	付随車化		モハ1601	S46.10	浅野川電気鉄道 カ5 →カ13(S07.03)→デハ2(S14.02) →北陸鉄道 デハ2(S24.10)→モハ1601(S24.10)→付随車化(S39.08)→廃車(S46.10)
本車輌	S09.--					国鉄	キサハ04101		鉄道省 キハ41040→国鉄 キサハ41800(S25.07) →キサハ04101(S32.04)→廃車(S36.02)⇒北陸鉄道 サハ1651(S36.--)→ 項目60参照
道省大宮工場	S09.--					国鉄	キサハ04102		鉄道省 キハ41041→国鉄 キサハ41801(S26.03)→キサハ04102(S32.04) →廃車(S36.02)⇒北陸鉄道 サハ1652(S36.--) 項目61参照
自社工場	S31.05								北陸鉄道 サハ2001→ 項目62参照 #1車体新製 東洋工機 (サハ611台車・台枠流用)・艤装 自社工場
東洋工機	S32.01								北陸鉄道 サハ2002→ 項目63参照 #1車体新製(サハ612台車・台枠流用)
那電鉄 島工場	S03.08			#S29.11		国鉄	クハ5920		伊那電気鉄道 デ110⇒鉄道省 買収 デ110(S18.08)→デハ110 →制御車化(S28.04)→クハ5920(S28.06)→廃車(S29.03) ⇒北陸鉄道 クハ501(S29.07)→ 項目78参照
本車輌本店	S32.05			#S33.- -S39.06				H08.12	北陸鉄道 クハ1001→廃車
			自社工場	#S33.- -S39.06	両運転台制御車化(電機品 モハ3011転用) 片運転台化・貫通側乗務員扉撤去		モハ3051	S46.01	石川鉄道 3(T12.04)→金沢電気軌道 デ56(T12.06)→ホカ56(T12.06) →デホ56(S02.10)→北陸鉄道 モハ821(S24.10)→モハ3051(S28.05) →クハ1101(S33.--)→廃車
			自社工場	#S41.02	制御車化		モハ3102	S43.03	伊那電気鉄道 デ121⇒鉄道省 買収 デ121(S18.08)→デハ121 →モハ1921(S28.06)→片運化→廃車(S31.03) ⇒北陸鉄道 モハ3102(S31.09)→クハ1151(S41.--)→廃車(S43.03) ⇒石川県水産課 日本海漁礁(S43.--)
			自社工場	#S41.02	制御車化	自社	モハ3101	S42.01	伊那電気鉄道 デ120⇒鉄道省 買収 デ120(S18.08)→デハ120 →モハ1920(S28.06)→片運化→廃車(S31.03) ⇒北陸鉄道 モハ3101(S31.09)→クハ1152(S41.--)→廃車
社工場	S12.12		自社工場	S46.--	電装解除制御車化		モハ1821	H02.12	温泉電軌 デハ20(S12.12)→北陸鉄道 デハ20(S18.10) →モハ1821(S24.10)→クハ1203(S46.--)→廃車 #1 南海鉄道 電1型 更新空車体流用
工場	S31.05		自社工場	S46.--	制御方式変更・改番			H08.12	北陸鉄道 サハ2001→クハ1711(S40.--)→クハ1211(S46.--)→廃車
工機	S32.01		自社工場	S46.--	制御方式変更・改番			H08.12	北陸鉄道 サハ2002→クハ1712(S40.--)→クハ1212(S46.--)→廃車
							モハ3762	H08.12	北陸鉄道 モハ5103→モハ3762(S46.--)→クハ1301(H02.07)→廃車
車輌 車輌本店	S23.--	#25.04	自社工場	S37.01	遠州鉄道 クハ52 更新空車体流用		サハ604 (サハ1501)		名古屋市交通局 LB形(旧番不詳)⇒北陸鉄道 ハフ24(S20.-- ～ S22.--) →サハ604(S24.10)→#1サハ1501(S37.--)→クハ1501(S37.01)→ #1名義上 項目59参照
車輌 車輌本店	S23.--	#25.04	自社工場	S37.01	遠州鉄道 クハ51 更新空車体流用		サハ606 (サハ1601)	S46.12 S46.07	名古屋市交通局 LB形(旧番不詳)⇒北陸鉄道 ハフ26(S20.-- ～ S22.--) →サハ606(S24.10)→#1サハ1601(S37.--)→クハ1601(S37.01) →廃車 #1名義上
会社東京	T12.05		自社工場	S38.--	遠州鉄道 モハ14更新空車体流用	国鉄 自社	モハ1900 モハ1602	S46.07	伊那電気鉄道 デ101⇒鉄道省 買収 デ101(S18.08)→デハ101 →モハ1900(S28.06)→廃車(S29.03)⇒北陸鉄道 モハ851 (S29.07) →モハ1602 認可(S38.08)(書類上)→クハ1602(S38.--)→廃車
車輌		#25.04					クハ1501	S46.07	名古屋市交通局 LB形(旧番不詳)⇒北陸鉄道 ハフ24(S20.-- ～ S22.--) →サハ604(S24.10)→#1サハ1501(S37.--)→クハ1501(S37.01) →クハ1603(S39.--)→廃車 #1名義上
車輌	S09.--		自社工場	S37.--	制御車化 前面窓三枚化・乗務員扉新設 連結面側貫通口新設		サハ1651	S43.12 S 46.12	鉄道省 キハ41040→国鉄 キサハ41800(S25.07) →キサハ04101(S32.04)→廃車(S36.06) ⇒北陸鉄道 サハ1651(S36.--)→クハ1651(S37.--)→廃車
工場	S09.--		自社工場	S37.--	制御車化 前面窓三枚化・乗務員扉新設 連結面側貫通口新設		サハ1652	S43.12 S 46.12	鉄道省 キハ41041→国鉄 キサハ41801(S26.03) →キサハ04102(S32.04)→廃車(S36.06)⇒北陸鉄道 サハ1652(S36.--) →クハ1652(S37.--)→廃車
工場	S31.05		自社工場	S40.--	制御車化		サハ2001		北陸鉄道 サハ2001→クハ1711(S40.--)→ 項目53参照
工機	S32.01		自社工場	S40.--	制御車化		サハ2002		北陸鉄道 サハ2002→クハ1712(S40.--)→ 項目54参照
車輌本店	S03.07			S59.02	外板張替修理	名古屋鉄道	ク2344	H02.12	愛知電気鉄道 サハ2040→名古屋鉄道 ク2041(S16.02) →モ3605(S22.--)→モ3611(S25.--)→モ3355(S27.--) →ク2344(S40.--)→廃車(S42.--)→北陸鉄道 クハ1721(S42.02)→廃車
車輌本店	S03.07			#S42.05		名古屋鉄道	モハ3353	S62.04 S61.04	愛知電気鉄道 デハ3602→名古屋鉄道 モ3603(S16.02) →モ3353(S27.--)→廃車(S41.--)⇒北陸鉄道 クハ1722(S42.02)→廃車
車輌本店	S03.07			#S42.05		名古屋鉄道	ク2341	H02.12	愛知電気鉄道 デハ3603→名古屋鉄道 モ3601(S16.02) →モ3351(S27.--)→ク2341(S40.--)→廃車(S41.--) →北陸鉄道 クハ1723(S42.02)→廃車
車輌本店	S03.07					名古屋鉄道	ク2342	S61.06	愛知電気鉄道 デハ3601→名古屋鉄道 モ3602(S16.02) →モ3352(S27.--)→ク2342(S40.--)→廃車(S41.--) →北陸鉄道 クハ1724(S43.02)→廃車
鉄工	S03.09	#S03.12						S38.12	小松電気鉄道 デ1(S03.12)→北陸鉄道 デ1(S20.07)→モハ501(S24.10)→廃車
鉄工	S03.09	#S03.12						S40.03	小松電気鉄道 デ2(S03.12)→北陸鉄道 デ2(S20.07)→モハ502(S24.10)→廃車
鉄工	S03.09	#S03.12							小松電気鉄道 デ3(S03.12)→北陸鉄道 デ3(S20.07) →モハ503(S24.10)→ 項目138参照
車輌	T13.12								能美電気鉄道 デ3→金沢電気軌道 デ3→北陸鉄道 モハ543(S24.10)→ 項目6参照
電車	T06.--		加藤車輌	#S04.07	木造車体新製				温泉電気軌道 2→デハ2(S04.07)→北陸鉄道 デハ2(S18.10) →モハ551(S24.10)→ 項目142参照
車輌本店	S12.08								金石電気鉄道 11(S13.04)→北陸鉄道 デ11(S18.10) →モハ611(S24.10)→ 項目39参照
社	T11.05					江ノ島電鉄	114	S30.10	池上電気鉄道 デハ4→目黒蒲田電鉄 モハ16(S09.10)→江ノ島電鉄 114(S13.--) ⇒北陸鉄道 モハ702(S24.10)→モハ802(？)→廃車
機	T13.01					越中鉄道	モハ6	S40.03	池上電気鉄道 モハ6→目黒蒲田電鉄 モハ18(S09.10) →越中鉄道 モハ6(S10.03.25 認可 書類上？)⇒温泉電気軌道 デハ14 →北陸鉄道 デハ14→モハ811(S24.10)→廃車
作所	T11.12								温泉電気軌道 B15(T11.11)→デロハ15(S06.10)→デハ15(S10.02) →北陸鉄道 モハ841(S24.10)→ 項目29参照
社東京	T12.05		自社工場	#S29.11	集電装置ポール化・主電動機数 4→2	国鉄	モハ1900		伊那電気鉄道 デ101⇒鉄道省 買収 デ101(S18.08)→デハ101→モハ1900(S28.06) →廃車(S29.03)⇒北陸鉄道 モハ851 認可(S29.11) →モハ1602 認可(S38.08)書類上改番→不要車体 新西金沢区倉庫→解体(S42.--) 項目58参照
鉄 場	S03.08			#S30.05 S37.--	電動車化付随車代用・台車変更	国鉄 自社	クハ5920 クハ501	S38.07	伊那電鉄 デ110⇒鉄道省 買収 デ110(S18.08)→デハ110 →制御車化(S28.04)→クハ5920(S28.06)→廃車(S29.03) ⇒北陸鉄道 クハ501(S29.07)→モハ852(S30.06)→付随車化(S37.--) →廃車 #1付随車化時
	S22.--	#S24.11						S46.10	日本鉄道自動車⇒北陸鉄道借入 デハ1001(S22.09)→モハ1001(S24.10)→廃車
	S22.--	#S24.11						S46.10	日本鉄道自動車⇒北陸鉄道借入 デハ1002(S22.09)→モハ1002(S24.10)→廃車
輌	S12.--	#S13.08						S46.10	能美電気鉄道 デホ301→金沢電気軌道 デホ301(S14.08) →北陸鉄道 モハ1201(S24.10)→廃車
輌	T13.12	#T13.10					EB122		能美電気鉄道 デ2→金沢電気軌道 デ2(S14.08)→デハ301(S17.--) →北陸鉄道 モハ542(S24.10)→モヤ542(S28.--)→EB122(S34.--) →モハ1301(S44.--)→ 項目5参照

項目	形式	番号	昭和30年以降在籍線区	車体寸法			自重(荷重)ton	定員(座席)軸配置	台車			制御器		主電動機		
				最大長mm	最大幅mm	最大高mm			製造所	形式	軸距mm	製造所	形式 制御方式	製造所	形式	出力kw×台数
83	モハ1500	1501	石川総線	14,351	2,556	3,886	25.3	90(40)	Brill	MCB改	2,134		直接制御	芝浦	SE-102A	78.3×2
84	モハ1500	1502	石川総線	14,351	2,556	3,886	25.3	90(40)	Brill	MCB改	2,134		直接制御	芝浦	SE-102A	78.3×2
85	モハ1500	1503	石川総線	14,351	2,556	3,886	25.3	90(40)	Brill	MCB改	2,134		直接制御	芝浦	SE-102A	78.3×2
86	モハ1500	1504	石川総線	14,351	2,556	3,886	25.3	90(40)	Brill	MCB改	2,134		直接制御	芝浦	SE-102A	78.3×2
87	モハ1600	1601	浅野川線→金石線→小松線	14,719	2,591	3,886	27.4	100(44)	日本車輌	D-16	1,980		直接制御			63.4×2
88	モハ1800	1802	片山津線→小松線	15,380	2,475	3,960	23.2	100(36)	日鉄自	NT28B	1,980		KR-8 直接制御		MT-60	37.3×2
89	モハ1800	1803	加南線→金石線								1,987					
90	モハ1810	1814	加南線→金石線→小松線	15,380	2,475	3,960	24.0	100(36)	日本車輌		1,800		B-B 直接制御	三菱	MB-172NR	37.3×
91	モハ1820	1821	加南線→片山津線	15,380	2,580	3,960	24.0	100	木南車輌	K-14	1,800	GE	直接制御	WH	WH-101-H	37.3×
92	モハ1830	1831	金石線→石川総線													
93	モハ3000	3001	石川総線→金石線→小松線	14,820	2,730	4,045	26.0	100(36)	日本車輌	ND-7A	2,000	日立	MMC L50B 間接自動制御	神鋼電機	MT60	37.3×
94	モハ3000	3002	石川総線→金石線→小松線	14,820	2,730	4,045	26.0	100(36)	日本車輌	ND-7A	2,000	日立	MMC L50B 間接自動制御	神鋼電機	MT60	37.3×
95	モハ3000	3003	石川総線→金石線→小松線	14,820	2,730	4,045	26.0	100(36)	日本車輌	ND-7A	2,000	日立	MMC L50B 間接自動制御	神鋼電機	MT60	37.3×
96	モハ3000	3004	石川総線→金石線→小松線	14,820	2,730	4,045	26.0	100(36)	日本車輌	ND-7A	2,000	日立	MMC L50B 間接自動制御	神鋼電機	MT60	37.3×
97	モハ3000	3005	石川総線→金石線→小松線	14,820	2,730	4,045	26.0	100(36)	日本車輌	ND-7A	2,000	日立	MMC L50B 間接自動制御	神鋼電機	MT60	37.3×
98	モハ3010	3011	石川総線→金石線→浅野川線	15,600	2,710	3,950	24.9	100(44) 95	日本車輌	ND-4B	2,100		HL-74 間接非自動制御	三菱	MB-172NR	37.3
99	モハ3020	3021	石川総線									日立	MMC L50B 間接自動制御	芝浦	SE-102A	78.3
100	モハ3020	3022	石川総線									日立	MMC L50B 間接自動制御			
101	モハ3050	3051	石川総線	14,840	2,720	3,883	21.9	100(48)	日本車輌	A-1	1,524	日立	MMC-L5 間接自動制御			37.3×2
102	モハ3100	3101	石川総線→浅野川線	15,946	2,642	3,882	31.1	100(52)	住友製鋼	KS30L	2,134	WH	HL 間接非自動制御	芝浦	SE-102	78.3
103	モハ3100	3102	石川総線→浅野川線	15,946	2,642	3,882	31.1	100(52)	住友製鋼	KS30L	2,134	WH	HL 間接非自動制御	芝浦	SE-102	78.3
104	モハ3100	3103	石川総線	15,946	2,642	3,882	34.6	100(40)	住友製鋼	KS30L	2,134	WH	HL 間接非自動制御	芝浦	SE-102	78.3
105	モハ3100	3104	石川総線	15,946	2,642	3,882	34.6	100(40)	住友製鋼	KS30L	2,134	WH	HL 間接非自動制御	芝浦	SE-102	78.3
106	モハ3150	3151	石川総線	15,964	2,642	3,966	34.1	100(40)	住友製鋼	KS30L	2,134	WH	HL 間接非自動制御	芝浦	SE-102	78.3
107	モハ3150	3152	石川総線	15,964	2,642	3,965	34.1	100(40)	住友製鋼	KS30L	2,134	WH	HL 間接非自動制御	芝浦	SE-102	78.3
108	モハ3200	3201	加南線→石川総線→浅野川線	15,600	2,710	3,970	26.0	100(42)	日本車輌	ND-4B	2,100		HL-74 間接非自動制御	日本車輌	NE-60	48.5
109	モハ3300	3301	金石線→加南線→浅野川線	15,000	2,652	3,955	24.8	100(44)	日本車輌	ND-4B	2,100		HL-74 間接非自動制御	三菱	MB-172NR	37.3
110	モハ3350	3351	金石線	15,830	2,550	3,850	25.6		日鉄自	NT-28B	1,980			東洋電機	TDK30-S	37.3
111	モハ3500	3501	浅野川線→加南線→浅野川線	15,600	2,710	3,960	26.0	100(44)	広瀬車輌	KT-10	2,100		HL-74 間接非自動制御	三菱	MB-64C	48.5
112	モハ3550	3551	浅野川線	15,600	2,710	3,960	27.0	100(44)	広瀬車輌	KT-10	2,100		HL-74 間接非自動制御	三菱	MB-64C	48.5
113	モハ3560	3563	浅野川線	15,380	2,475	3,960	24.5	100(44)	日本車輌	ND-7B	2,000		HL-74 間接非自動制御	三菱	MB-172NR	37.3
114	モハ3570	3571	浅野川線→加南線	15,630	2,640	4,110	26.5	100(40)	広瀬車輌	KT-10	2,100		HL 間接非自動制御	三菱	MB-64C	48.5
115	モハ3700	3701	石川総線	15,024	2,438	4,172	26.5	100(44)	住友製鋼	KS30L ST43	2,134	東洋電機	ES152-B 間接自動制御	東洋電機	TDK516-A	63.4
116	モハ3700	3702	石川総線	15,024	2,438	4,172	26.5	100(44)	住友製鋼	KS30L ST43	2,134	東洋電機	ES152-B 間接自動制御	東洋電機	TDK516-A	63.
117	モハ3700	3703	石川総線	15,024	2,438	4,172	26.5	100(44)	住友製鋼	KS30L ST43	1,981	東洋電機	ES152-B 間接自動制御	東洋電機	TDK516-A	63.

車両履歴									備考
製造所	製造年月	#設計 認可 竣功届	改造所	#認可年月 改造年月	改造内容	前所有	旧番号	廃車年月 (用途 廃止)	
車会社東京	T14.08							S42.06	石川鉄道 デホニ101→金沢電気軌道 デホニ101(T12.05) →北陸鉄道 モハニ1501(S24.10)→モハ1501(S28.08)→サハ代用(S41.--)→廃車
車会社東京	T14.08								石川鉄道 デホニ103→金沢電気軌道 デホニ103(T12.05) →北陸鉄道 モハニ1502(S24.10)→モハ1502(S27.11)→　項目99参照
車会社東京	T14.08							S42.06	石川鉄道 デホニ102→金沢電気軌道 デホニ102(T12.05) →北陸鉄道 モハニ1503(S24.10)→モハ1503(S27.07)→サハ代用(S41.--)→廃車
車会社東京	T14.08								石川鉄道 デホニ104→金沢電気軌道 デホニ104(T12.05) →北陸鉄道 モハニ1301(S24.10)→モハ1504(S27.11)→クハ代用(S39.03)→ 項目100参照
本車輌本店	S02.06								浅野川電気鉄道 カ5→カ13(S07.03)→デハ2(S14.02) →北陸鉄道 デハ2(S24.10)→モハ1601(S24.10)→　項目42参照
社工場	S05.08		木南車輌	S18.04	車体新製			S46.10	温泉電気軌道 デロハ11(デハ6 台車機器流用)→デハ11(S10.09) →山代車庫火災焼失(S16.11.28)→北陸鉄道 デハ28(S18.04) →モハ1804(S28.10)→モハ1802(S26.10)→廃車(S46.10)
									温泉電気軌道 9(T03.--)→S9(S6形)→デハ9(S05.06) →山代車庫火災焼失(S16.11)→廃車(S16.12)→復籍(S17.02) →デハ26(S17.07)→北陸鉄道 デハ26(S18.10)→モハ1803(S24.10)→　項目92参照
古屋電車	T09.--	#T09.04	木南車輌 東洋レーヨン	S17.10 S23.04	車体新製 火災復旧			S46.10	温泉電気軌道 10(T09.04)→S10(S6形)→デハ10(S05.06) →山代車庫火災焼失(S16.11)→廃車(S16.12)→復籍(S17.02) →デハ27(S17.10)→北陸鉄道 デハ27(S18.10) →松任工機部類焼(S20.09)→復旧(S23.04)→モハ1814(S24.10)→廃車
自社工場	S12.12	#S12.12	近畿車輌	S24.10	車体新製				温泉電軌 デハ20(S12.12)→北陸鉄道 デハ20(S18.10)→モハ1821(S24.10) →　項目52参照 #1南海鉄道 電1型 更新空車体流用
							モハ1803		温泉電気軌道 9(T03.--)→S9(S6形)→デハ9(S05.06) →山代車庫火災焼失(S16.11)→廃車(S16.12)→復籍(S17.02) →デハ26(S17.07)→北陸鉄道 デハ26(S18.10)→モハ1803(S24.10) →モハ1831(S38.04)→　項目113参照
鉄自	S24.04			#S46.05	使用線区変更 金石線 ⇒小松線			S61.06	北陸鉄道 モハ1101→モハ3001(S24.10)→廃車
鉄自	S24.04			#S46.05	使用線区変更 金石線 ⇒小松線			S61.06	北陸鉄道 モハ1102→モハ3002(S24.10)→廃車
鉄自	S24.04		帝国車輌	S29.-- #S46.05	踏切障害車体復旧 使用線区変更 金石線 ⇒小松線			S61.06	北陸鉄道 モハ1103→モハ3003(S24.10)→廃車
鉄自	S24.04			#S46.05	使用線区変更 金石線 ⇒小松線			S61.06	北陸鉄道 モハ1104→モハ3004(S24.10)→廃車
鉄自	S24.04		阪野工業所	S38.-- #S46.05	事故復旧　車体近代化 (ノーシル・ノーヘッダー) 使用線区変更 金石線 ⇒小松線			S61.06	北陸鉄道 モハ1105→モハ3005(S24.10)→廃車
車輌	S33.07							H08.12	北陸鉄道 モハ3011→廃車
会社東京	T14.08			S38.08	台枠・屋根流用 車体 新製		モハ1502		石川鉄道 デホニ103→金沢電気軌道 デホニ103(T12.05) →北陸鉄道 モハニ1502(S24.10)→モハ1502(S27.11) →モハ3021(S38.08)→　項目120参照
会社東京	T14.08			S39.03 S39.10	制御車代用 台枠・屋根流用 車体 新製		モハ1504 クハ代用		石川鉄道 デホニ104→金沢電気軌道 デホニ104(T12.05) →北陸鉄道 モハニ1301(S24.10)→モハ1504(S27.11) →クハ代用(S39.03)→モハ3022(S39.10)→　項目119参照
車輌	*1T11.11		自社工場	S28.05	台枠延長・拡幅・ 半鋼製車体化 間接制御化		モハ821		石川鉄道 3(T12.04)→金沢電気軌道 デ56(T12.06)→ホカ56(T12.06) →デホ56(S02.10)→北陸鉄道 モハ821(S24.10)→モハ3051(S28.05) →　項目49参照　#1竣功図 T14.11 記載
会社東京	S02.08		自社工場	#S31.09	両運転台化・集電装置 変更ポール化・ 主電動機数変更 4→2	国鉄	モハ1920		伊那電気鉄道 デ120⇒鉄道省 買収 デ120(S18.08)→デハ120 →モハ1920(S28.06)→片運化→廃車(S31.03) ⇒北陸鉄道 モハ3101(S31.09)→　項目51参照
会社東京	S02.08		自社工場	#S31.09	両運転台化・集電装置 変更ポール化・ 主電動機数変更 4→2	国鉄	モハ1921		伊那電気鉄道 デ121⇒鉄道省 買収 デ121(S18.08)→デハ121 →モハ1921(S28.06)→片運化→廃車(S31.03) ⇒北陸鉄道 モハ3102(S31.09)→　項目50参照
会社東京	S02.08		自社工場	#S31.09 #S33.06	集電装置変更・制動方 式変更 AMM→SME	国鉄	モハ1922		伊那電気鉄道 デ122⇒鉄道省 買収 デ122(S18.08)→デハ122 →モハ1922(S28.06)→廃車 (S31.03)⇒北陸鉄道 モハ3103(S31.09) →　項目106参照
会社東京	S02.08		自社工場	#S31.09 #S33.06	集電装置変更・制動方 式変更 AMM→SME	国鉄	モハ1923		伊那電気鉄道 デ123⇒鉄道省 買収 デ123(S18.08)→デハ123 →モハ1923(S28.06)→廃車 (S31.03)⇒北陸鉄道 モハ3104(S31.09) →　項目107参照
会社東京	S02.08						モハ3103	S42.12	伊那電気鉄道 デ122⇒鉄道省 買収 デ122(S18.08)→デハ122 →モハ1922(S28.06)→廃車 (S31.03)⇒北陸鉄道 モハ3103(S31.09) →モハ3151(S36.01)→廃車
会社東京	S02.08						モハ3104	S42.10	伊那電気鉄道 デ123⇒鉄道省 買収 デ123(S18.08)→デハ123 →モハ1923(S28.06)→廃車 (S31.03)⇒北陸鉄道 モハ3104(S31.09) →モハ3152認可(S36.01)→廃車
車輌本店	S32.05							H08.12	北陸鉄道 モハ3201→廃車
車輌	S33.11							H10.08	北陸鉄道 モハ3301(S33.11)→廃車
車輌本社 工場	S37.04								北陸鉄道 モハ3351(S37.04)→　項目114参照 遠州鉄道 モハ13 (昭和23年8月 日本車輌本店製) 更新空車体流用
車輌本店	S36.07							H08.12	北陸鉄道 モハ3501→廃車
車輌本店	S37.06							H08.12	北陸鉄道 モハ3551(S37.07)→廃車
車輌	S17.07						モハ1831	H10.08	温泉電気軌道 9(T03.--)→S9(S6形)→デハ9(S05.06) →山代車庫火災焼失(S16.11)→廃車(S16.12)→復籍(S17.02) →デハ26(S17.07)→北陸鉄道 デハ26(S18.10)→モハ1803(S24.10) →モハ1831(S38.04)→モハ3563(S41.--)→廃車
車輌本店 工場	S37.04		自社工場	S43.05	台車・主電動機変更			S46.07	北陸鉄道 モハ3351(S37.04)→モハ3571(S39.10)→廃車
車輌	S02.04		名鉄新那加	S37.09	前面貫通扉新設・ 自動ドア化 乗務員ドア新設・ 客用扉縮小	名古屋鉄道	モ707	S53.12	名古屋鉄道デセホ707→モ707(S16.02)→廃車(S39.--) ⇒北陸鉄道 モハ3701(S39.03)→廃車
車輌	S02.04		名鉄新那加	S37.09	前面貫通扉新設・ 自動ドア化 乗務員ドア新設・ 客用扉縮小	名古屋鉄道	モ710	S53.12	名古屋鉄道デセホ710→モ710(S16.02)→廃車(S39.--) ⇒北陸鉄道 モハ3702(S39.03)→廃車
車輌	S02.04		名鉄新那加	S37.09	前面貫通扉新設・ 自動ドア化 乗務員ドア新設・ 客用扉縮小	名古屋鉄道	モ708	S62.04	名古屋鉄道デセホ708→モ708(S16.02)→廃車(S39.--) ⇒北陸鉄道 モハ3703(S39.03)→廃車

項目	形式	番号	昭和30年以降在籍線区	車体寸法			自重(荷重) ton	定員(座席)軸配置	台車			制御器		主電動機		
				最大長 mm	最大幅 mm	最大高 mm			製造所	形式	軸距 mm	製造所	形式 制御方式	製造所	形式	出力kw ×台数
118	モハ3700	3704	石川総線	15,024	2,438	4,172	26.5	100(44)	住友製鋼	KS30L ST43	1,981	東洋電機	ES152-B 間接自動制御	東洋電機	TDK516-A	63.4×4
119	モハ3710	3711	石川総線	14,470	2,564	3,965	27.0	100(34)	Brill	MCB改	2,134	東洋電機	ES-152B 間接自動制御	東洋電機	TDK516-A	63.4×4
120	モハ3710	3712	石川総線	14,470	2,564	3,965	27.0	100(34)	Brill	MCB改	2,134	東洋電機	ES-152B 間接自動制御	東洋電機	TDK516-A	63.4×4
121	モハ3730	3731	石川総線	15,500	2,710	4,000	27.5	100(44)	Brill	MCB改	2,134	東洋電機	ES-152B 間接自動制御	東洋電機	TDK516-A	63.4×4
122	モハ3730	3732	石川総線	15,500	2,710	4,000	27.7	100(44)	Brill 汽車会社	MCB改	2,134	東洋電機	ES152-B 間接自動制御	東洋電機	TDK516-A	63.4×4
123	モハ3740	3741	石川総線	16,852	2,700	4,123	35.0	100(48)	BW	BT-1		東洋電機	ES155 間接自動制御	東洋電機	TDK516-A	63.4×4
124	モハ3740	3742	石川総線	16,852	2,700	4,123	35.0	100(48)	BW	BT-1		東洋電機	ES155 間接自動制御	東洋電機	TDK516-A	63.4×4
125	モハ3740	3743	石川総線	16,852	2,700	4,123	35.0	100(48)	Brill 汽車会社	MCB改	2,134	東洋電機	ES155 間接自動制御	東洋電機	TDK516-A	63.4×4
126	モハ3740	3744	石川総線	16,852	2,700	4,123	35.0	100(48)	Brill	MCB改	2,134	東洋電機	ES155 間接自動制御	東洋電機	TDK516-A	63.4×4
127	モハ3750	3751	加南線→石川総線	17,350	2,800	3,970	29.3	110(52)	広瀬車輌	KT-10	2,100	東洋電機	ES152-B 間接自動制御	東洋電機	TDK516-A	63.4×4
128	モハ3750	3752	加南線→石川総線	17,350	2,800	3,970	29.3	110(52)	広瀬車輌	KT-10	2,100	東洋電機	ES152-B 間接自動制御	東洋電機	TDK516-A	63.4×
129	モハ3760	3761	石川総線	17,350	2,800	4,150	28.5	100(48)	広瀬車輌	KT-10	2,100	東洋電機	ES-152B 間接自動制御	東洋電機	TDK-516-A	63.4×
130	モハ3760	3762	石川総線	17,350	2,800	4,150	28.5	100(48)	住友製鋼	KS-30L	2,134	東洋電機	ES-152B 間接自動制御	芝浦	SE-102	78.3×
131	モハ3770	3771	石川総線	18,450	2,742	4,120	34.4	148(58)	住友製鋼	KS-30L	2,134	東洋電機	ES152-B 間接自動制御	芝浦	SE-102	78.3×
132	モハ3770	3772	石川総線	18,450	2,742	4,120	34.4	148(58)	住友製鋼	KS-30L	2,134	東洋電機	ES152-B 間接自動制御	芝浦	SE-102	78.3×
133	モハ3770	3773	石川総線	18,450	2,742	4,120	34.4	148(58)	住友製鋼	KS-30L	2,134	東洋電機	ES152-B 間接自動制御	芝浦	SE-102	78.3×
134	モハ5000	5001 5002	加南線→石川総線	17,350	2,740	3,970	28.0	80(52)	広瀬車輌	KT-10	2,100		HL 間接非自動制御	三菱	MB-64C	48.5×
135	モハ5100	5101	石川総線→浅野川線	17,350	2,740	3,897	28.0	110(54)	広瀬車輌	KT-10	2,100	三菱	HL-84D 間接非自動制御	三菱	MB-64C	48.5×
136	モハ5100	5102	石川総線	17,350	2,740	3,897	28.0	110(54)	広瀬車輌	KT-10	2,100	三菱	HL-84D 間接非自動制御	三菱	MB-64C	48.5×
137	モハ5100	5103	石川総線	17,350	2,740	3,897	28.0	110(54)	広瀬車輌	KT-10	2,100	三菱	HL-84D 間接非自動制御	三菱	MB-64C	48.5×
138	モヤ500	503	小松線→加南線	8,144	2,540	3,898			Brill	21E	2,743	三菱	KR-8 直接制御			37.3×
139	モヤ530	531	石川総線	8,712	[*1]2,438	3,505	7.5 (2.2)	S	Brill		2,134		KR-8 直接制御	GE	GE-258B-2	18.7×
140	モヤ540	541	能美線	8,941	2,590	3,740		S		Brill 21E系	3,962		KR-8 直接制御			37.3×
141	モヤ540	542	能美線	8,941	2,590	3,740		S		Brill 21E系	3,962		KR-8 直接制御			37.3×
142	モヤ550	551	石川総線	8,534	2,438	3,543	6.8			TR10	2,438		直接制御	GE	GE-258B-2	18.7×
143	モヤ560	561	金石線	10,088	2,254	3,658	9.0	S	Brill	21E	2,743		直接制御	東洋電機		29.8×
144	モヤ590	591	石川総線	10,643	2,438	3,759	8.6	S	MG	21EM	3,048	WH	T1C 直接制御	芝浦	SE-116-F	38.8×
145	モヤ620	621	石川総線	9,914	2,620	3,880		S		Brill 21E系	3,962		KR-8 直接制御			

車両履歴									備考
製造所	製造年月	#設計認可竣功届	改造所	#認可年月改造年月	改造内容	前所有	旧番号	廃車年月（用途廃止）	
本車輌	S02.04		名鉄新那加	S37.09	前面貫通扉新設・自動ドア化 乗務員ドア新設・客用扉縮小	名古屋鉄道	モ709	S62.04	名古屋鉄道デセホ709→モ709(S16.02)→廃車(S39.--) ⇒北陸鉄道 モハ3704(S39.03)→廃車
車会社東京	T14.08		自社工場	S39.10	制御器・ 主電動機 変更		モハ3022	S52.12 S53.12	石川鉄道 デホニ104→金沢電気軌道 デホニ104(T12.05) →北陸鉄道 モハニ1301(S24.10)→モハ1504(S27.11) →クハ代用(S39.03)→モハ3022(S39.10)→モハ3711(S39.10)→廃車
車会社東京	T14.08		自社工場	S39.12	制御器・ 主電動機 変更		モハ3021	S52.12 S53.12	石川鉄道 デホニ103→金沢電気軌道 デホニ103(T12.05) →北陸鉄道 モハニ1502(S24.10)→モハ1502(S27.11) →モハ3021(S38.08)→モハ3712(S39.12) 台枠流用車体新製→廃車
本車輌本店	S31.09		自社工場	S41.04	電動車化・ 前面貫通化			H08.03	北陸鉄道 サハ1002→モハ3732(S41.03)→モハ3731(H02.--)車号書替 →廃車(H08.03)
本車輌支店	S31.--		自社工場	S41.04	電動車化・ 前面貫通化			H02.12	北陸鉄道 サハ1001→モハ3731(S41.04)→モハ3732(H02.--) →廃車(H02.12)
本車輌	S06.03		名鉄住商 自社工場	S53.12	両運転台化改造・ 運転室窓Hゴム化 耐寒耐雪工事	名古屋鉄道	モ903	H02.12	知多鉄道 デハ917→名古屋鉄道 モ917(S18.02)→モ915(S26.--) →ク2335(S39.12)→モ905(S40.--)→モ903(S41.--)→廃車(S53.--) ⇒北陸鉄道 モハ3741(S53.12)→廃車
本車輌	S06.03		名鉄住商 自社工場	S53.12	両運転台化改造・ 運転室窓Hゴム化 耐寒耐雪工事	名古屋鉄道	モ905	H02.12	知多鉄道 デハ913→名古屋鉄道 モ913(S18.02)→ク2333(S39.11) →モ903(S40.--)→モ905(S41.--)→廃車(S53.--) ⇒北陸鉄道 モハ3742(S53.12)→廃車
本車輌	S06.03		名鉄住商 自社工場	S53.12	両運転台化改造・ 運転室窓Hゴム化 耐寒耐雪工事	名古屋鉄道	モ904	H02.12	知多鉄道 デハ918→名古屋鉄道 モ918(S18.02)→モ914(S26.--) →ク2334(S39.11)→モ904(S40.--)→廃車(S53.--) ⇒北陸鉄道 モハ3743(S53.12)→廃車
本車輌	S06.03		名鉄住商 自社工場	S53.12	両運転台化改造・ 運転室窓Hゴム化 耐寒耐雪工事	名古屋鉄道	モ906	H02.12	知多鉄道 デハ912→名古屋鉄道 モ912(S18.02)→ク2332(S39.12) →モ902(S40.--)→モ906(S41.--)→廃車(S53.--) ⇒北陸鉄道 モハ3744(S53.12)→廃車
車輌	S26.04			S39.10 S40.07	ロングシート化 制御器・主電動機変更			H18.10	北陸鉄道 モハ5001→モハ3751(S40.07)→車体更新(S60.01)→廃車
車輌	S26.04			S39.10 S41.02	ロングシート化 制御器・主電動機変更			H19.10	北陸鉄道 モハ5002→モハ3752(S41.02)→車体更新(S58.--)→廃車⇒ポッポの丘
車輌	S26.07			S46.-- S60.12	制御器・台車・主電動機変更 車体更新		モハ5102	H08.11	北陸鉄道 モハ5102→モハ3761(S46.--)→廃車⇒能美市立博物館 保存
車輌	S26.07			S46.-- S61.11	制御器・台車・主電動機変更 車体更新		モハ5103		北陸鉄道 モハ5103→モハ3762(S46.--)→　項目55参照
車輌	S03.07					名古屋鉄道	モ3304	S46.01	愛知電気鉄道 デハ3304→名古屋鉄道 モ3306(S16.02) →モ3304(S26.10)→廃車(S39.--)→北陸鉄道 モハ3771(S42.09) →踏切事故(S44.12)→廃車
車輌	S03.07					名古屋鉄道	モ3303	H02.12	愛知電気鉄道 デハ3303→名古屋鉄道 モ3303(S16.02)→廃車(S39.--) →北陸鉄道 モハ3772(S42.11)→廃車
車輌	S03.07					名古屋鉄道	モ3301	H02.12	愛知電気鉄道 デハ3305→名古屋鉄道 モ3305(S16.02) →モ3301(S26.10)→廃車(S41.--)→北陸鉄道 モハ3773(S43.04)→廃車
車輌	S26.04								北陸鉄道 モハ5001→　項目127参照 北陸鉄道 モハ5002→　項目128参照
車輌	S27.07							H08.12	北陸鉄道 モハ5101→
車輌	S27.07								北陸鉄道 モハ5102→　項目129参照
車輌	S27.07								北陸鉄道 モハ5103→　項目130参照
鉄工所	S03.09	#S03.12					モハ503		小松電気鉄道 デ3(S03.12)→北陸鉄道 デ3(S20.07) →モハ503(S24.10)→モヤ503(S32.--)→鋼体化(S36.--)→　項目8参照
鉄工所	T04.10								松金電車鉄道 デ3(T05.--)→金沢電気軌道 53(T09.03) →ニカ53(T12.06)→デ53(S02.10)→モハ531(S24.10) →モヤ531(S26.--)→　項目1参照　#1ステップ含
車輌	T13.12		自社工場	S28.--					能美電気鉄道 デ1→金沢電気軌道 デ1→北陸鉄道 モハ541(S24.10) →モヤ541(S28.--)→
車輌	T13.12								能美電気鉄道 デ2→金沢電気軌道 デ2(S14.08)→デハ301(S17.--) →北陸鉄道 モハ542(S24.10)→モヤ542(S28.--)→　項目４参照
屋電車	T01.--		自社工場	S24.10	電動貨車化		モハ551		温泉電気軌道 2→デハ2(S04.07)→北陸鉄道 デハ2(S18.10) →モハ551(S24.10)→モヤ551(S31.09)→　項目2参照
屋電車	T10.10							S31.12	金石電気鉄道 7(T12.11)→北陸鉄道 デ7(S18.10)→モハ561(S24.10) →モヤ561(S28.--)→廃車
車輌	M45.03	T10.04		S25.--	電動貨車化改造			S31.06	愛知電気鉄道 電1形旧番不詳⇒石川鉄道 2(T10.04認可) →金沢電気軌道 デ55(T12.06) →シカ55(T12.06)→デ55(S02.10) →北陸鉄道 モハ591(S24.10)→モヤ591(S25.--)→廃車
車輌	S05.06	#S05.06	自社工場	S28.--	入換車化				能美電気鉄道 デ8→金沢電気軌道デ8(S14.08) →北陸鉄道 モハ631(S24.10)→モハ621(S26.--)→モヤ621(S28.--)→ #1 諸元数値はモハ621時　項目7参照

北陸鉄道能登線諸元表（内燃機関車・気動車・客車）

項目	形式	番号	使用線区	車体寸法			自重（荷重）ton	定員（座席）	製造所	台車	軸距 mm	内燃機関			変速機
				最大長 mm	最大幅 mm	最大高 mm						製造所	形式	定格出力	
1	DC30	DC301	能登線	7,006	2,625	3,340	25.0						DMH17B	160/1,500	TC-2
2	DC30	DC302	能登線	7,006	2,625	3,340	25.0						DMH17C	180/1,500	TC-2
3	DL1	DL11	能登線→石川総線	5,217	2,084	3,250	7.6					いすず	DA-120	89/2,200	機械式
4	DL2	DL21	金石線	5,000	2,000	2,550	8.0					日野	DS11A		機械式
5	DL3	DL31	石川総線	7,078	2,600	3,740	13.7					いすず	DA-120	89/2,200	DBG90
6	キハ2100	2101、2102	能登線	9,976	2,622	3,525	10.0	60 (29)			3,525				
7	キハ5150	5151	能登線	13,920	2,650	3,740	19.6	86 (36)		TR26	1,800		DMF13	120/1,500	
8	キハ5160	5162	能登線	13,500	2,880	3,698	16.0	78 (26)		菱枠型	1,500	日野	DA58	105/1,700	機械式
9	キハ5200	5201	能登線	17,050	2,880	3,675	20.5	118 (66)		TR26	1,800		DMF13	120/1,500	機械式
10	キハ5210	5211	能登線	16,220	2,730	3,760	22.7	109 (62)		TR26	1,800		DMH17B	160/1,500	TC2
11	キハ5210	5212	能登線	16,220	2,730	3,760	22.7	109 (62)		TR26	1,800		DMF13C	120/1,500	TC2
12	キハ5210	5213	能登線	16,220	2,730	3,760	22.7	109 (62)		TR26	1,800		DMF13	120/1,500	機械式
13	キハ5250	5251	能登線	20,074	2,725	3,616	26.6	120 (68)		TR29	2,000		DMH17	150/1,500	TC2
14	キハ5300	5301	能登線	17,320	2,880	3,605	25.0	110 (42)	日本車輌	TR29系 ND209A・ ND209	2,000		DMH17C	180/1,500	TC2
15	キハニ5000	5001	能登線	12,720	2,630	3,655	13.8	70 (32)		菱枠型	1,500 *1 1,650	日野	DA54改	95/1,600	機械式
16	キハニ5100	5102	能登線	13,088	2,540	3,594	14.9	70 (32)		菱枠型	1,525	日野	DA54改	95/1,600	機械式
17	キハニ5150	5151	能登線	13,920	2,650	3,740	19.6	86 (36)		TR27　動台車 TR28　従台車	1,600 1,600	日野	DA54改	110/1,600	機械式
18	キハニ5200	5201	能登線	17,050	2,880	3,675	20.0	118 (66)		TR26	1,800		DMF13	120/1,500	機械式
19	ハフ1300	1301	能登線	7,950	2,642	3,499	6.0	38 (38)			3,663				
20	ハフ1400	1401	能登線	7,963	2,616	3,531	7.3	40 (40)			3,658				
21	ハフ1400	1402	能登線	7,963	2,616	3,531	7.3	40 (40)			3,658				
22	ハフ1500	1501、1502	能登線	9,976	2,622	3,525	10.0	60 (29)			4,260				
23	コハフ3000	3001	能登線	9,978	2,880	3,337	9.5	66 (28)		TR26	1,500				
24	コハフ5000	5001	能登線	12,720	2,880	3,655	11.3	70 (32)		菱枠型	1,500 *1 1,650				
25	コハフ5300	5301	能登線	17,320	2,710	3,515	18.0	110 (42)		菱枠型	1,750 2,000				

北陸鉄道市内線車両諸元表（電車）

形式	番号	車体寸法			自重（荷重）ton	定員（座席）軸配置	台車			制御器		主電動機		
		最大長 mm	最大幅 mm	最大高 mm			製造所	形式	軸距 mm	製造所	形式 制御方式	製造所	形式	出力×台
モハ50	51,52 53,54	8,026	2,235	3,912	7.0	40 (12)	Brill	21E	1,829		B型 直接制御			18.7
モハ50	56 58	8,026	2,235	3,912	7.0	40 (24)	Brill	21E	1,829		B型 直接制御			18.7
モハ50	55 57	8,026	2,235	3,912	7.0	40 (24)	Brill	21E	1,829		B型 直接制御			18.7
モハ50	60,61	8,026	2,235	3,912	7.0	46	Brill	21E	1,829		B型 直接制御			18.7
モヤ50	59	8,026	2,235	3,912	7.0		Brill	21E	1,829		B型 直接制御			18.7
モハ200	201,202 204,205	8,880	2,230	3,912	8.6	48 (28)	日立	ブリル21E系	1,830		B-18型 直接制御	三菱	MB-74-A	22.4
モハ300	301～304	8,030	2,230	3,912	7.5	48 (20)	Brill	21E	1,829		直接制御	神鋼電機	TB23	26.1
モハ300	305～310	8,030	2,230	3,912	7.2	48 (20)	Brill	21E	1,829		直接制御	神鋼電機	TB23	26.1
モハ300	311～315	8,030	2,230	3,912	7.5	48 (20)	Brill	21E	1,829		直接制御	神鋼電機	TB23	26.1
モハ310	316～318	8,034	2,200	3,913	8.5	48 (20)	Brill	21E	1,829		直接制御			18.7
モハ310	319,320	8,034	2,200	3,913	8.5	48 (20)	Brill	21E	1,829		直接制御			18.7

車両履歴								備考
製造所	製造年月 #認可	改造所	改造年月 #認可	改造内容	前所有	旧番号	廃車年月	
車会社	S29.08						S40.04	⇒三岐鉄道(S40.05)→三岐通運 貸渡(S40.08)八田駅構内小野田セメント専用線使用 →廃車(S42.04)?
車会社	S31.07						S47.06	⇒関東鉄道
士重工	S41.--						H19.10	軌道モーターカー 排雪装置取付時 自重 10.5t 最大寸法 6,626×2,652×3,250
本輸送機	S27.--				国鉄	#1 06-28-01014	S46.10	#1 機械番号
潟鉄工所	S38.--		S53.--		国鉄	#1 金保018	H19.10	#1 金沢保線区 排雪装置取付時 自重 17.7t 最大寸法 11,474×4,500×3,740
宮製作所	#S05.03 S05.06		戦時中	ガソリンエンジン撤去客車代用使用				能登鉄道 キハ1、2(S05.03)→北陸鉄道 キハ1、2(S18.10)→#1 キハ2101、2102(S24.10)→ #1 改番(車体表記 キハ 実質 ハフ) 項目22参照
本車輌	S09.03		#S41.03	エンジン撤去 客車代用 車体表記キハ	国鉄	キハ40014	S47.06	鉄道省 キハ40014→国鉄 キハ40014→廃車(S28.--)⇒北陸鉄道 キハニ5151(S28.--) →キハ5151→客車代用(S41.--)→路線廃止(S47.06)→廃車⇒石川県水産課 日本海漁礁
藤製作所	#S26.10	自社工場	#S41.03	機関変更 相模ディーゼル N80⇒	三岐鉄道	キハ7	S42.10	新潟鉄工所 S07.07、S09.05 筑前参宮鉄道 ミヤ101(103) ⇒鉄道省 買収(S19.05) ミヤ101(103)⇒#1 三岐鉄道 (S18.--)→鳥居松陸軍工廠徴用 →返還(S21.--)→キハ7 認可(S26.10)→廃車(S36.04)⇒北陸鉄道 キハ5162(S37.03) →廃車(S42.10)→石川県水産課 日本海漁礁 #1 加藤製作所改造 S18.06
本車輌	S08.12	自社工場	S40.06 S47.--	エンジン換装 DMH17B化 エンジン換装 DMF13 TC2→機械式	国鉄	キハ41043	S47.06	鉄道省 キハ41043→国鉄 キハ41043 廃車(S24.09)⇒北陸鉄道 キハ5201(S25.10) →キハニ5201(S32.--)→キハ5201→廃車⇒金沢市 食堂
崎車輌	S06.09 S09.01		#S42.11	譲受使用認可 車体更新	遠州鉄道	キハ802	S47.06	鉄道省 キハ41056→キハ41207(S23.12)→キハ41307(S27.11)→キハ048(S32.04) →廃車(S33.01)⇒遠州鉄道 キハ802(S33.08)⇒北陸鉄道 キハ5211(S42.06) →路線廃止(S47.06)⇒関東鉄道 キハ461(S47.11)→筑波鉄道 キハ461(S54.--) →廃車(S60.07)⇒キハ048 つくば市さくら交通公園保存(S62.07) ⇒キハ41307 鉄道博物館(H19.10)
潟鉄工所	S08.03		#S42.11 S55.--	譲受使用認可 エンジン換装	遠州鉄道	キハ801	S47.06	鉄道省 キハ36934→キハ41034→キハ41205(S23.12)→キハ41305(S27.11) →キハ046(S32.04)→廃車(S33.01)⇒遠州鉄道 キハ801(S33.08) ⇒北陸鉄道 キハ5212(S42.06)→路線廃止(S47.06)⇒関東鉄道 キハ462(S47.11) →筑波鉄道 キハ462(S54.--)→廃車(S56.11)
会社東京	S08.03		#S42.11	譲受使用認可 車体更新	遠州鉄道	キハ803	S47.06	鉄道省 キハ36902→キハ41002→キハ41200(S24.01)→キハ41300(S27.10) →キハ041(S32.04)→廃車(S34.02)⇒遠州鉄道 キハ803(S34.11) ⇒北陸鉄道 キハ5213(S42.06)→路線廃止(S47.06)⇒津幡町 ドライブイン
省 工場	S12.12		S41.08	変速機換装 ⇒TC2	国鉄	キハ0731	S47.06	鉄道省 キハ42034→キハ42206(S25.05)→キハ42530(S27.02)→キハ0731(S32.04) →廃車(38.--)⇒北陸鉄道 キハ5251(S40.04)→路線廃止(S47.06) ⇒関東鉄道 #1 キハ706(S47.11)→キハ614(S50.04)→廃車(S63.09) #1 書類上
車輌	S32.08	自社工場	S38.10 S40.--	気動車化 エンジン換装 DMF13⇒			S47.06	北陸鉄道 コハフ5301(S32.08)→キハ5301(S38.10)→路線廃止(S47.06)→発送(S47.07) ⇒関東鉄道 キハ541(S47.07)→廃車(S60.07.--)
製作所	#1 S11.10 S11.09							能登鉄道 キホハニ2(S07.02)→北陸鉄道 キホハニ2(S18.10)→キハニ5001(S24.10)→ 項目24参照 #1 偏心台車
製作所	#S06.12		S41.--	客車化改造			S42.10	能登鉄道 キホハニ1(S07.02)→北陸鉄道 キホハニ1(S18.10)→キハニ5102(S24.10) →客車代用(S41.--)→廃車⇒石川県水産課 日本海漁礁
車輌	S09.03	近畿車輌	S27.-- S41.--	車体両端荷物台・片側乗務員扉設置 台車交換・エンジン換装	国鉄	キハ40014		鉄道省 キハ40014→国鉄 キハ40014→廃車(S28.--)⇒北陸鉄道 キハニ5151(S28.--)→ 項目7参照
車輌	S08.12	近畿車輌	S25.10	ロングシート化・荷物室設置	国鉄	キハ41043		鉄道省 キハ41043→国鉄 キハ41043 廃車(S24.09)⇒北陸鉄道 キハ5201(S25.10) →キハニ5201(S32.--)→ 項目9参照
鉄道 工場	M28.06		#S02.07 S14.07	譲受使用認可 手ブレーキ設置	鉄道省	ハ2209	S32.09	大阪鉄道 に83⇒関西鉄道 308(M39.06)⇒帝国鉄道庁 買収 308→ハ2209(M44.01) →廃車 (S02.08)⇒能登鉄道 ハ1(S02.07)→ハフ3(S14.07)→北陸鉄道 ハフ3(S18.11) →ハフ1301(S24.10)→廃車
ロポリタン	M30.05		#T11.09 #S16.01	譲受使用認可 車体更新	鉄道省	ロ863	S32.09	日本鉄道 ろは8⇒鉄道作業局 買収 ロハ8(M39.11)→ロ863(M44.01)→鉄道省 廃車(T11.09) ⇒能登鉄道 ロハ1(T11.09)→フロハ1(T14.04)→ハフ1(S07.08)→車体更新 ハフ1(S16.01) →北陸鉄道 ハフ1(S18.10)→ハフ1401(S24.10)→廃車
ロポリタン	M30.05		#T11.09 #S16.01	譲受使用認可 車体更新	鉄道省	ロ864	S32.09	日本鉄道 ろは9⇒鉄道作業局 買収 ロハ9(M39.11)→ロ864(M44.01)→鉄道省 廃車(T11.09) ⇒能登鉄道 ロハ2(T11.09)→フロハ2(T14.04)→ハフ2(S07.08)→車体更新 ハフ2(S16.01) →北陸鉄道 ハフ2(S18.10)→ハフ1402(S24.10)→廃車
製作所	#S05.03 S05.06		#S35.12	客車化改造			S40.06	能登鉄道 キハ1、2(S05.03)→北陸鉄道 キハ1、2(S18.10)→キハ2101、2102(S24.10) →ハフ1501、1502(S35.12)→廃車
車輌	S07.10		#S19.08		鉄道省	キハ40308	S42.10	芸備鉄道 キハ1⇒鉄道省買収 キハ40308(S12.07)→廃車(S14.08)⇒北陸鉄道 ハ720(S19.--) →サハ801(S24.10)→コハフ3001(S28.06)→廃車⇒石川県水産課 日本海漁礁(S43.--)
製作所	#1 S11.10 S11.09		#S40.12	客車化改造			S42.10	能登鉄道 キホハニ2(S07.02)→北陸鉄道 キホハニ2(S18.10)→キハニ5001(S24.10) →コハフ5001(S40.03)→廃車 車体 羽咋検車区倉庫 #1 偏心台車
車輌	#S32.07 S32.08							北陸鉄道 コハフ5301(S32.08)→ 項目14参照

車両履歴									備考
製造所 製番	製造年月	#設計 認可 竣功届	改造所	#認可年月 改造年月	改造内容	前所有	旧番号	廃車年月 (用途廃止)	
会社東京	T08.01	#T07.10	東京工業所	S28.--	鋼体化		モハ45,47 モハ48,49	S31.04 S35.11	金沢電気軌道 16,18,19,20→45,47,48,49(S02.07) →北陸鉄道 モハ45,47,48,49(S24.10) →モハ51,52・53,54(S28.08)→廃車
会社東京	T09.03	#T09.03					モハ65 モハ63	S36.06 S39.03	金沢電気軌道 30→69(S02.07)→北陸鉄道 モハ69(S24.10)→モハ65(S25.--) →モハ56(S28.08)→花電車(S31.12)→廃車 金沢電気軌道 24→63(S02.07)→北陸鉄道 モハ63(S24.10)→モハ58(S28.08)→廃車
会社東京	T10.04	#T09.03					モハ90 モハ82	S36.06 S39.03	金沢電気軌道 41,33→90,82(S02.07)→北陸鉄道 モハ90,82(S24.10) →モハ55,57(S28.08)→廃車
会社東京	T10.04	#T09.03	自社工場	#S28.07	木造車体新製		モハ87,94	S39.03	金沢電気軌道 38,45→87,94(S02.07)→北陸鉄道 モハ87,94(S24.10) →モハ60,61(S28.08)→廃車
会社東京	T10.04	#T09.03					モハ59	S39.03	金沢電気軌道 37→86(S02.07)→北陸鉄道 モハ86(S24.10)→モハ59(S28.08) →モヤ59(S35.11)→廃車
田造船	S06.--	#S06.05	自社工場	#S26.04	集電装置変更 ビューゲル化			S4109～ S41.12	金沢電気軌道 デ201,202,204,205→北陸鉄道 モハ201,202,204,205(S24.10) →廃車⇒石川県水産課 202,205(S42.05)日本海漁礁
会社東京	T09.03		藤永田造船	#S07.03	鋼体化			S41.12	モハ304 石川か円水産課 日本海漁礁(S42.05)
会社東京	T09.03		藤永田造船	#S07.03	鋼体化			S40.10～ S41.12	モハ308 石川県水産課 日本海漁礁(S42.05)
会社東京	T08.01		東京工業所	#S17.09	鋼体化			#1 S40.12 ～ S41.12	金沢電気軌道 1～5→30～34(S02.07)→旧北陸鉄道 デ311～315(S17.09) →北陸鉄道 モハ311～315(S24.10)→廃車 モハ315 石川県水産課 日本海漁礁 #1 311,312,315(S41.12) 313(S41.09) 314(S40.10)
			自社工場	#S28.07	松金線モハ600形車体転用改造		モハ36,38, 41,	S39.03	金沢電気軌道 7,9,10→36,38,41(S02.07)→北陸鉄道 モハ36,38,41(S24.10) →モハ316～318(S28.08)→廃車
			自社工場	#S28.07	松金線モハ600形車体転用改造		モハ43,44	S40.10	金沢電気軌道 14,15→43,44(S02.07)→北陸鉄道 モハ43,44(S24.10) →モハ319,320(S28.08)→廃車

形式	番号	車体寸法			自重(荷重)ton	定員(座席)軸配置	台車			制御器		主電動機		
		最大長mm	最大幅mm	最大高mm			製造所	形式	軸距mm	製造所	形式 制御方式	製造所	形式	出力kw×台数
モハ2000	2001～2010	10,500	2,200	3,912	12.2	70 (28)	近畿車輌	ブリル76E系	1,370	EE	DB1-K4C 直接制御	三菱	MB-172-NR	37.3×2
モハ2050	2051	10,762	2,118	3,868	16.2	64 (26)	日本車輌	C			直接制御			37.3×2
モハ2060	2061 2062										直接制御			
モハ2100	2101～2110	11,000	2,200	3,868	13.0	70 (30)	近畿車輌	ブリル76E系	1,370		直接制御			37.3×2
モハ2100	2111 2112	11,000	2,200	3,868	13.0	70 (30)	近畿車輌	ブリル76E系	1,370		直接制御			37.3×2
モハ2200	2201 2202	11,200	2,200	3,820	13.0	70 (30)	日本車輌	ブリル76E系 NS7	1,370	東洋電機	DB1-LCK34B 直接制御	東洋電機	TDK526-3B	22.4×4
モハ2200	2203～2205	11,200	2,200	3,820	13.0	70 (30)	日本車輌	ブリル76E系 NS7	1,370	東洋電機	DB1-LCK34B 直接制御	東洋電機	TDK526-3B	22.4×4
モハ2200	2206	11,200	2,200	3,820	13.0	70 (30)	日本車輌	ブリル76E系 NS7	1,370	東洋電機	DB1-LCK34B 直接制御	東洋電機	TDK526-3B	22.4×4
モハ2300	2301 2302	11,200	2,200	3,820	13.0	70 (30)	日本車輌	NS16	1,650	日本車輌	NHC-224L 間接非自動制御	日本車輌	NE-22B	22.4×4

尾小屋鉄道諸元表（内燃機関車・気動車・客車）

項目	形式	番号	使用線区	車体寸法			自重(荷重)ton	定員(座席)	製造所	台車	軸距mm	内燃機関			変速機
				最大長mm	最大幅mm	最大高mm						製造所	形式	定格出力	
1	DC12	1		5,790	2,008	2,886	12.0					三菱ふそう	DF2L	117/1,000	機械式
2	DC12	2		5,840	2,118	2,902	12.0					三菱ふそう	DF2L	117/1,000	機械式
3	キハ1	1		9,260	2,120	3,047	10.3	50 (24)				民生	UD3	110/2,000	機械式
4	キハ1	2		10,700	2,120	3,100	11.8	52 (24)				日産	UD3	110/2,000	機械式
5	キハ1	3		10,590	2,120	3,185	11.0	60				いすゞ	UD3	110/2,000	機械式
6	ハフ1	1、2、3		6,908	2,032	3,073	3.6	35 (22)		単台車					
7	ホハフ	1		8,890	1,956	2,817	3.8	40 (24)		アーチバー	920				
8	ホハフ	2		8,890	1,956	2,816	4.8	45 (30)		アーチバー	910				
9	ホハフ	3		8,660	2,108	2,979	5.5	54 (28)		アーチバー	1,030				
10	ホハフ	5		8,787	2,108	2,976	5.6	54 (30)		アーチバー	1,050				
11	ホハフ	6		8,891	1,956	2,851	3.9	50 (20)		アーチバー	920				
12	ホハフ	7		9,068	2,128	3,118	5.8	38 (24)		アーチバー	966				
13	ホハフ	8		9,068	2,128	3,118	5.8	38 (24)		アーチバー	966				

車両履歴									備考
製造所製番	製造年月	#設計認可竣功届	改造所	#認可年月改造年月	改造内容	前所有	旧番号	廃車年月(用途廃止)	
車輌		#S25.04							⇒名古屋鉄道岐阜市内線 モ550～559(S42.07)
本車輌	S04.--					武蔵中央	8		武蔵中央電鉄 8⇒金石電気鉄道 15(S13.08)→北陸鉄道 15(S18.10) →モハ1101(S24.10)→モハ2051(S29.--)→廃車⇒福井鉄道 モハ501(S42.09)
車輌	S25.--		自社工場	S39.--	車体新製	琴平参宮	デハ81,83		琴平参宮電鉄 デハ81,83⇒北陸鉄道 モハ2061,2062(S38.12)→廃車 ⇒福井鉄道 モハ511,512(S42.09)→
車輌	S26.12								モハ2107⇒名古屋鉄道岐阜市内線 モ531(S43.03)
車輌	S26.12								
車輌	S31.--								⇒名古屋鉄道岐阜市内線 モ561,562(S43.03)
車輌	S32.--								⇒名古屋鉄道岐阜市内線 モ562,563,564(S43.03)
車輌	S33.--								⇒名古屋鉄道岐阜市内線 モ565(S43.03)
車輌	S36.03	#S36.02							⇒豊橋鉄道 モハ301,302(S42.05)→モハ3301,3302→廃車(H12.03)

車両履歴								備考
製造所	製造年月#認可	改造所	改造年月#認可	改造内容	前所有	旧番号	廃車年月	
工業	S27.10						S52.03	いしかわ子供交流センター小松館　なかよしし鉄道 動態保存(エンジン換装 三菱6D22 135/1,400)
工業	S33.10						S52.03	⇒那珂川清流鉄道保存会 譲渡(H26.10)
車輌本店	S12.03					キロ1	S52.03	いしかわ子供交流センター小松館　なかよしし鉄道 動態保存(エンジン換装 いすゞ6BF1 170/3,200)
	S13.03						S52.03	
会社東京	S29.06		S39.12		遠州鉄道	キハ1803	S52.03	遠州鉄道キハ180→廃車⇒北陸鉄道 キハ3 営業(S40.01)→廃車 ⇒小松市立ポッポ汽車展示館　動態保存(H13.11)
屋電車	T07.--			鋼板張り			S42.--	ハフ1 石川県立尾小屋鉱山資料館 保存 / ハフ2,3 廃車(S42.--)
車輌本店	M45.--	自社工場		車体鋼板張	三重交通	サ331	S52.03	三重鉄道 ホハ1→ホハ7→三重交通 サ331⇒尾小屋鉄道 ホハフ1(S25.--)
屋電車	T12.11				三重交通	サ342		四日市鉄道 ホハ6→三重鉄道 ホハ6→三重交通 サ342⇒尾小屋鉄道 ホハフ2(S31.--)
鉄工	T10.10	自社工場	S30.--	車体更新	三重交通	サ321	S52.03	中勢鉄道 ボコ2→ハニ2→三重鉄道 ホハ12→三重交通 サ321⇒尾小屋鉄道 ホハフ3(S30.--) →廃車⇒いしかわ子供交流センター小松館　なかよしし鉄道 動態保存
鉄工	T10.10				三重交通	サ322	S52.03	中勢鉄道 ボコ3→ハニ3→三重鉄道 ホハ13→三重交通 サ322 ⇒尾小屋鉄道 ホハフ5(S33.--)→廃車
屋電車	T02.05	自社工場			三重交通	サ352	S52.03	四日市鉄道 ホハ2→三重鉄道 ホハ2→三重交通 サ352⇒尾小屋鉄道 ホハフ6(S34.--)→廃車
車輌本店	T14.09	自社工場	S45.--	車体更新	三重交通	サニ403	S52.03	⇒北勢電気鉄道 ハフ11→三重交通 サニ403⇒尾小屋鉄道 ホハフ7(S37.--)→廃車 ⇒赤門軽便鉄道保存会 保存
車輌本店	T13.09	自社工場		車体更新	三重交通	サニ401	S52.03	北勢電気鉄道 ハフ9→三重交通 サニ401⇒尾小屋鉄道 ホハフ8(S37.--)→廃車 ⇒いしかわ子供交流センター小松館　なかよしし鉄道 動態保存

【著者プロフィール】
髙井薫平（たかいくんぺい）
1937年生まれ、1960年慶応義塾大学卒。地方私鉄巡りは昭和28年の静岡鉄道駿遠線が最初だった。鉄研活動は中学からだが当時は模型専門。高校に進学以来、鉄道研究会に属して今日に至る。1961年刊行の朝日新聞社刊「世界の鉄道」創刊号以来の編集メンバー。1960年から鉄道車両部品メーカーに勤務、日本鉄道工業会理事、車輛輸出組合（現ＪORSA）監事、会社退任後は鉄道趣味に本格復帰し現在は鉄道友の会参与、著書に「軽便追想（ネコ・パブリッシング）」、RMライブラリーで『東野鉄道』『上武鉄道』『福島交通軌道線』『弘南鉄道』（ネコ・パブリッシング）、『小型蒸気機関車全記録』（講談社）など。

【執筆・編集協力者の紹介】
矢崎康雄（やざきやすお）
1971年卒、学生時代から聞けば何でも知って居る重宝な人。都電とともに幼少期を過ごし、どちらかといえば、市電ファンで、ヨーロッパのほとんどの都市にトラムを見に行った。かつて鉄研三田会が編集した「世界の鉄道」（朝日新聞社）では、外国の部分の解説をほとんど１人で担当した。本書では「カラーページ」「ことば解説」「駅や空撮の解説」などを担当してもらった。

亀井秀夫（かめいひでお）
1973年卒、学生時代から私鉄ファンで、とくに車両データや車両史に詳しい。鉄道車両部品メーカーに勤務し、営業・企画を長く担当した。今回は最終校閲、時代考証、車両来歴確認などをお願いしたほか、この本の巻末の諸元表作成に相当の知力を発揮している。朝日新聞の「世界の鉄道」でも諸元表まとめの主要メンバーであった。現在、鉄道友の会理事（業務担当）、（一社）鉄道車両工業会参与を務める。

佐竹雅之（さたけまさゆき）
2007年卒、Nゲージで主に地方鉄道の鉄道模型製作を嗜んでいる。最近では３Dプリントを駆使して、市販されていない車両の作成にも取り組んでいる。主に鉄道車両史に詳しく、原稿の第一校閲者のほか、地域鉄道位置図面の作成や一部のキャプション作成を担当。

【写真提供等でご協力頂いた皆様】
J.Wally Higgins（名古屋レール・アーカイブス所蔵）、今井啓輔、上野 巌、梅村正明、荻原二郎、荻原俊夫、風間克美、齋藤 晃、清水 武、隅田 衷、高橋慎一郎、竹中泰彦、田尻弘行、田中信吾、田辺多知夫、寺田裕一、中西進一郎、羽片日出夫、日暮昭彦、堀川正弘、村松 功、安田就視、山田 亮

【校正】
加藤佳一

昭和30年代～50年代の地方私鉄を歩く 第16巻
北陸の電車たち（2）
石川県の私鉄

2022年5月1日　第1刷発行

著　者……………………髙井薫平
発行人……………………高山和彦
発行所……………………株式会社フォト・パブリッシング
〒161-0032　東京都新宿区中落合2-12-26
TEL.03-6914-0121 FAX.03-5955-8101
発売元……………………株式会社メディアパル（共同出版者・流通責任者）
〒162-8710　東京都新宿区東五軒町6-24
TEL.03-5261-1171 FAX.03-3235-4645
デザイン・DTP………柏倉栄治（装丁・本文とも）
印刷所……………………新星社西川印刷株式会社

ISBN978-4-8021-3318-0 C0026

本書の内容についてのお問い合わせは、上記の発行元（フォト・パブリッシング）編集部宛ての
Eメール（henshuubu@photo-pub.co.jp）または郵送・ファックスによる書面にてお願いいたします。